Thomas Ertl

Funke am Pulverfass

Palästina, Israel, Iran, Sudan

Zum Autor

Thomas Ertl ist Diplom-Volkswirt und Schiffbauer. Er ist seit 2011 als Dozent für Internationale Globalisierung von Wirtschaft und Politik, Medienökonomie und Sportmanagement an der Hochschule Fresenius in Hamburg tätig. Das bevorzugte Forschungsgebiet ist Internationale Politische Ökonomie.

Von 1988 bis 2011 Tätigkeit als Geschäftsführer in Medienunternehmen mit dem Schwerpunkt Unternehmenssteuerung, Marketing und IT.

Thomas Ertl

Funke am Pulverfass

Palästina, Israel,
Iran, Sudan

Metropolis-Verlag
Marburg 2024

Bibliografische Information Der Deutschen Nationalbibliothek
Die Deutsche Nationalbibliothek verzeichnet diese Publikation in der Deutschen Nationalbibliografie; detaillierte bibliografische Daten sind im Internet über <https://portal.dnb.de> abrufbar.

Metropolis-Verlag für Ökonomie, Gesellschaft und Politik GmbH
https://www.metropolis-verlag.de

ISBN 978-3-7316-1570-5

Inhaltsverzeichnis

Abbildungsverzeichnis

Einleitung

Seit dem Terrorangriff der Hamas vom 7. Oktober 2023 auf überwiegend israelische Zivilisten mit über 1.200 Opfern und ca. 240 verschleppten Geiseln ist der seit über 70 Jahre bestehende Palästina-Konflikt auf eine neue Stufe gehoben worden. Die barbarische Dimension der Hamas-Angriffe ist ein Element des Islamismus, dessen menschenverachtendes Vorgehen spätestens seit dem 11. September 2001 als internationaler islamistischer Terrorismus in die Geschichte eingegangen ist. Sowohl im Nahen Osten als auch in Afrika (z.B. Boko Harem in Nigeria) und Westeuropa (Charlie Hebdo in Paris 2015 mit 130 Toten, Breitscheidplatz etc.) wurden grausame Attentate im „Kampf" gegen die „Ungläubigen" verübt. Der sogenannte „Islamische Staat" hatte das Köpfen von Gefangenen zum Markenzeichen erhoben. Das brutale Morden ist aber nur die auf den Islamismus bezogene Facette. Die Hamas ist momentan[1] nicht mit den internationalen Dschihadisten gleichzusetzen, denn sie verfolgt eine nationale Agenda. Der türkische Präsident Erdogan nannte die Hamas gar eine Befreiungsorganisation.[2] Der internationale islamistische Terrorismus ist hingegen geopolitisch gegen den gesamten Westen ausgerichtet und genießt schon deshalb Sympathien im anti-westlichen Lager.

Im zweiten Teil des Buches wird die besondere Rolle des Iran als Drehscheibe internationalen Terrorismus erläutert. Die vom Iran selbst ausgegebene bzw. gegründete „Achse des Widerstands" richtet sich in erster Linie gegen den Staat Israel und die Protektion durch die USA; letztlich aber gegen alles, was nicht dem Islam folgt. Der Iran hat ein Netzwerk ausländischer Milizen gesponnen, das mit Waffen und militärischer „Beratung" erhebliche Instabilitäten im Nahen Osten ver-

[1] Es gibt Anzeichen für eine Internationalisierung der Hamas-Aktivitäten. Die internationale Palästina-Solidarität ist deutlich älter als die Hamas. Terroraktionen außerhalb von Palästina/Israel werden mit dem Iran in Verbindung gebracht (Amiri 2023, o.S.).

[2] Pentz 2023, o.S.

antwortet. Es sind dies die libanesische Hisbollah, die Hamas, der Palästinensische Islamische Dschihad und die Huthi-Rebellen im Jemen. Auch irakische und syrische Milizen werden vom Iran gesteuert. Die Hamas ist im Gegensatz zu den anderen Gruppierungen sunnitisch geprägt, was den iranischen Pragmatismus belegt, wenn es gegen den „Westen" geht. Der Islamismus ist das eigentliche vereinende Fundament.

Der Palästina-Konflikt wird mit dem Phänomen des Islamismus vermischt, was zu fehlgeleiteten Darstellungen führt. Die Hamas ist eine islamistische Organisation, die im Jahr 1987 aus der Muslimbrüderschaft entstanden ist. Sie datiert also viel später als der Palästina-Konflikt und die Kriege um das Territorium. Die säkulare PLO mit dem Hauptbestandteil Fatah war den Hamas-Gründern nicht radikal genug. Als politisches Mittel, um ihre Ziele zu erreichen, initiierte die Hamas Intifadas (Erhebungen), also palästinensische Aufstände in Form von Generalstreiks, Steuerboykotten, Massendemonstrationen und bewaffneten Aktion.[3] Dazu zählen auch terroristische Elemente wie Selbstmordattentate. Dieses Manifest des Widerstands gedieh besonders gut im Klima der erfolglosen Verhandlungen zwischen Israel, seinen Verbündeten und der PLO.[4] Magret Johannsen hatte bereits 2004 eine plausible Erklärung für die Radikalisierung des palästinensischen Widerstands bis hin zu Selbstmordattentaten formuliert:

> „Je länger sich allerdings die Zeitspanne hinzieht, in der kein Licht am Ende des Tunnels zu sehen und Gewalt immer und überall präsent ist, umso größer wird ihre Anziehungskraft für eine Generation, die ohne Zukunftsperspektive ihr Leben gibt, um einmal – und sei es im Tod – von der Macht zu kosten."[5]

Der Palästina-Konflikt verursachte zwischen dem UN-Teilungsplan für Palästina von 1947 und dem Waffenstillstand von 1949 bereits 700.000

[3] Föderl-Schmid/Käppner/Schweikle 2023, o.S.

[4] PLO: Die Palestine Liberation Organization ist ein Dachverband diverser Gruppen, unter denen die Fatah den größten Einfluss hat. Die PLO steht im Verdacht, ihre Exil-Zentren zur jeweiligen Befeuerung innerstaalicher Konflikte zu nutzen. Der Sitz wurde deshalb 1971 von Amman (Jordanien) nach Beirut (Libanon) und von dort nach Tunis (Tunesien) verlegt.

[5] Johannsen 2004, S. 206.

arabische Flüchtlinge. Die Statistiken sind bis Mitte 2021 mit 5,9 Millionen Geflüchteten[6] bei einer palästinensischen Weltbevölkerung von 13,8 Millionen gefüllt. Diese Menschen sind auf 58 Flüchtlingslager im Libanon, in Syrien, Jordanien, im Westjordanland und Gazastreifen verteilt. Israel verwehrt ein Recht auf Rückkehr aufgrund der unversöhnlichen Situation und der Furcht, die Palästinenser könnten aufgrund ihrer hohen Geburtenraten den Staat Israel majorisieren. Rechnerisch wären die Palästinenser bei (theoretischer) vollständiger Rückkehr der Geflüchteten schon in der Mehrheit. Die Palästinenser pochen auf Artikel 11 der UN-Resolution 194 aus dem Jahr 1948, in dem ein Recht auf Rückkehr explizit formuliert ist. Die internationale Staatengemeinschaft hat, wie auch immer, für die Gründung des Staates Israel gesorgt, aber den Konflikt mit Palästina nicht im Sinne der UN-Charta gelöst.

Im dritten Teil wird die Rolle der Anrainerstaaten Israels bzw. Palästinas hinsichtlich der Verwicklungen und Beziehungen zu Israel, Iran und anderen intervenierenden Staaten untersucht. Die Israel-Militärhilfe der USA wird ebenfalls thematisiert.

Das Versagen der internationalen Gemeinschaft und das wiederholte Scheitern von Friedensverhandlungen zeigen sich ebenfalls im Sudan-Konflikt, der im Abschnitt 4 erörtert wird. Anders als das historisch-politisch aufgeladene Palästina-Problem sind die Konflikte im Sudan eher mit ökonomischen Erklärungen zu deuten. Das Land ist rohstoffreich, Palästina ist es nicht. Eine Parallele ist der ethnische Streit zwischen der mehrheitlich arabischen Bevölkerung im Norden und der schwarzafrikanischen Bevölkerung im Süden, der ähnlich den Palästinensern eine dauerhafte Diskriminierung zuteilwird. Das führte auch zur Abspaltung des Südsudans durch einen Bürgerkrieg im Jahr 2011. Geholfen hat es nicht viel, denn die Lebensumstände der Einwohner haben sich nicht verbessert. Der im Jahr 2022 erneut entflammte Bürgerkrieg im Sudan (ohne Südsudan) ist eigentlich ein Krieg zwischen Milizen resp. der Armee zweier Fraktionen ohne Bürgerbeteiligung, aber mit immensen Kollateralschäden. Gemeinsam ist beiden Konflikten die Historie britischer Besatzung und die Ohnmacht der internationalen Staatengemeinschaft. Auch die Nachbarschaft Ägyptens ist eine Schnittmenge. Ägypten versucht seinen Einfluss sowohl gegenüber den Palästinensern als auch dem Sudan geltend zu

[6] Registrierte Flüchtlinge beim UN-Hilfswerk UNRWA (Henrich 2023, o.S.).

machen. Schutzsuchende Menschen aus dem Sudan ohne finanzielle Mittel werden nicht selten abgewiesen. Die Grenze ist nicht komplett durchlässig.[7] Eine Abschottung gegenüber dem Gazastreifen zählt ebenfalls zur Politik Ägyptens, Einfluss zu nehmen, aber die Konflikte an der Grenze fernzuhalten.

Die UNO-Flüchtlingshilfe zählte über eine Million Geflüchtete, die sich in die Nachbarländer Tschad, Ägypten und den Südsudan begeben. Innerhalb des Sudans sind fast 5 Millionen Menschen auf der Flucht vor den Bomben und Schüssen der Milizen, die sowohl von Ägypten als auch von Russland und den russischen Wagner-Truppen ausgerüstet werden. Der geopolitische Kontext wird nicht zuletzt über die Rohstoffe wie Diamanten, Gold und die Haltung im Ukraine-Krieg hergestellt.

Geopolitische Verwicklungen sind auch an Israels Haltung im Ukraine-Krieg erkennbar. Die Regierung lavierte zwischen den Fronten. Erst im Jahr 2023 entschloss sich die Regierung, die Sanktionen gegen Russland zu unterstützen. Auch verweigerte Israel Waffenlieferungen an die Ukraine, was Ukraine-Präsident Selenskyj, selbst Jude, enttäuscht kritisierte.[8] Die Lieferung von Waffen ist für einen Staat wie Israel allerdings keine Ausnahme, denn selbst der verfeindete Iran wurde beliefert. Die Lieferung „gegen“ Russland wäre dennoch eine andere Dimension, so dass die Haltung Israels zumindest nachvollziehbar ist. Das gilt nicht für die neutrale Haltung in der UN-Abstimmung zur Russland-Aggression im Jahr 2022.

[7] Harrer 2023, o.S.
[8] Agence France Press 2022, o.S.

1. Der Palästina-Konflikt

Die Ablehnung Israels in der Gestalt des Antisemitismus lässt sich mit islamistischem Terror erfolgreich verknüpfen. Die Ideologie wird in Palästina durch die Muslimbruderschaft (MB) geliefert, aus der die Hamas hervorging. Das Ziel der Hamas-Aktivisten ist aber nicht pauschal die Vernichtung Israels und die Errichtung eines Kalifats. Dieses Ziel ist zwar in der Hamas-Charta von 1987 verankert, aber der Hamas-Vorsitzende der Jahre 2006/2007, Ismail Haniyya, revidierte diese Position, wenn auch einschränkend. Die Bedingung an Israel war der Rückzug hinter die Grenzen von 1967. Im Jahr 2017 wurde ein Update der Charta vorgenommen, so dass jetzt ausdrücklich nicht das jüdische Volk, sondern das „zionistische Projekt" abgelehnt wird.[9] Allerdings stellt die Aktion vom 7. Oktober die Hamas auf eine Stufe mit den Terroristen des „Islamischen Staats" und anderen Dschihadisten. Der Islamismus ist ihnen eigen. Die Hardliner haben sich durchgesetzt.

Hamas und Palästinenser sind aber ebenso wenig deckungsgleich wie Israelis und fanatische „Siedler". Die Zustimmung der Palästinenser für die Hamas kann dennoch als beachtlich beurteilt werden. Die Hamas ist in einen militärischen und einen politischen Arm aufgeteilt. Letzterer organisiert/verwaltet den Gazastreifen und ist in der Bevölkerung stark verankert. Die Frage bei der Beurteilung des Konfliktgeschehens muss daher lauten: Wer hat bei den gegenüberstehenden Parteien das Übergewicht: Sind es in Israel die Pro-Siedler und bei den Palästinensern die Hardcore-Hamas-Fraktion? Es spricht momentan vieles dafür.

US-Präsident Biden hat darauf aufmerksam gemacht, dass es innerhalb der Hamas militante Kräfte gibt, die nicht repräsentativ für die palästinensische Bevölkerung sind, die im Gazastreifen zudem zur

[9] Dunning 2017, o.S. Im Jahr 2017 distanzierte sich die Hamas aufgrund ägyptischen Drucks von der Muslimbruderschaft und damit in Teilen auch vom Antisemitismus. Das Umdenken in den Köpfen der „Kämpfer" ist eine andere Frage.

Hälfte aus Kindern besteht.[10] Aber von dort wird der „Nachwuchs“ der militanten Hamas im Geist eines hasserfüllten Narrativs rekrutiert.

Die Fokussierung auf die Verurteilung der Hamas lenkt vom eigentlichen Problem ab, denn es reduziert den Nahostkonflikt auf die Terroraktionen der einen Seite. Es suggeriert zudem, dass die physische Vernichtung der Hamas das Problem lösen könnte. Es soll ferner zur Parteinahme für die eine oder andere Gruppe provozieren. In diesem Fall (pro Israel) werden die Palästinenser mit Fundamentalisten gleichgesetzt. Diese sind aber auf beiden Seiten zu finden und der Konflikt wird so eher geschürt als gelöst. Ein Rückblick auf die Twin-Tower-Attacke in New York könnte helfen. Die Reaktion der USA auf den Terrorakt vom 11. September 2001 hat den Riss zwischen globalem Süden bzw. Nahem Osten und dem Westen vergrößert und den Terrorismus eher befördert als eingedämmt. US-Präsident Biden hat auch deshalb Israel vor denselben Fehlern gewarnt.[11] Die Ausgrenzung von Muslimen besonders seit dem 11. September 2001 hat nicht nur in den USA rassistische Formen angenommen. Das landläufige Bild des „Arabers“ zeigt ihn nicht selten als rückständigen, barttragenden, gewaltbereiten Menschen, begleitet von einer schweigenden Muslimin mit Kopftuch.[12]

Ex-US-Präsident Trump hatte im Jahr 2017 mit einer „Executive Order“ zur nationalen Sicherheit für 90 bis 120 Tage die Einreise von „Ausländern“ aus den sieben Staaten Irak, Iran, Jemen, Libyen, Somalia, Sudan und Syrien in die USA gestoppt.[13] Mit diesem Generalverdacht gegen Muslime bzw. Araber werden die Animositäten unter den Ethnien geschürt und weiterer Hass erzeugt. Davor hat US-Präsident Biden gewarnt. Es sollte keine kollektive Sanktion gegen das palästinensische Volk umgesetzt werden, um die Gewaltspirale nicht weiter anzutreiben. Leider sind die Resultate das Gegenteil von Deeskalation: eine fünfstellige Zahl an zivilen Opfern, die so gut wie keine Fluchtmöglichkeiten hatten. Die Hamas nutzt die Zivilbevölkerung als Schutzschild und ist damit nicht weniger für dieses Massensterben verantwortlich. Viele internationale Organisationen und Staa-

[10] Abutaleb 2023, o.S.

[11] AFP 2023, o.S.

[12] Siddiqi 2021, o.S.

[13] Klüver 2017, o.S.

ten haben Israel aufgefordert, die palästinensische Zivilbevölkerung zu verschonen.[14] Vergeblich.

1.1 PLO

Der ursprünglich säkulare Widerstand der Palästinenser in der Gestalt von Fatah und PLO hatte einen entsprechend unreligiösen Staat angestrebt. Die Gründung der PLO im Jahr 1964 in Jerusalem geht auf den ehemaligen Präsidenten Ägyptens, Gamal Abdel Nasser, zurück, der einen pan-arabischen Nationalstaat errichten wollte. Die Palästinenser sollten durch die PLO vertreten werden. Ägypten verlor 1967 den Krieg gegen Israel und die PLO wurde fortan aus eigenem Personal durch Jassir Arafat geführt, offiziell seit 1969. Das Ziel war ein palästinensischer Staat in den Grenzen des ehemaligen britischen Mandatsgebietes. Die Fatah und damit auch die PLO waren militant-revolutionär ausgerichtet. Noch heute steht in der PLO-Charta geschrieben, dass Guerilla-Aktionen den Kern des palästinensischen Befreiungskampfes ausmachen.[15]

Organisationen des Dachverbandes PLO verübten im Ausland terroristische Anschläge auch auf israelische Zivilpersonen wie die Geiselnahme und Tötung während der Olympischen Spiele 1972 in München. Ebenso gingen einige Flugzeugentführungen auf das Konto der militanten PLO-Fraktion. Die Milizen initiierten auch im arabischen Ausland immer wieder Konflikte durch Attentate, die in Jordanien (1970) und im Libanon (1975) zu bürgerkriegsähnlichen Auseinandersetzungen führten.[16] Die Fatah als die bedeutendste PLO-Gruppierung distanzierte sich aber zunehmend vom internationalen Terrorismus wie etwa Flugzeugentführungen. Ein Wendepunkt war 1973 die Attacke auf die saudi-arabische Botschaft in Khartum (Sudan), nach der die Fatah sich deutlich distanzierte, schon allein, um nicht andere arabische Staaten, die einiges an finanziellen Mitteln stellten, zu brüskieren. Der Schwerpunkt politischer Aktivität wurde auf die Anerkennung der palästinensischen Forderungen gesetzt. Arafat rückte vor der

[14] Dpa 2024, o.S.
[15] Yale Law School 2008, o.S.
[16] Cleven 2023, o.S.

UN-Vollversammlung in New York (1974) von Maximalforderungen ab und überzeugte die Versammlung von seinem Willen, nach diplomatischen Lösungen zu suchen. Diese neue Haltung wurde im „radikalen“ palästinensischen Lager als Abweichlertum kritisiert. Das war der erste Riss zwischen Fatah und weniger kompromissbereiten Gruppen wie der PLFP[17] von Wadi Haddad und George Habsch[18]. Die PLFP führte nicht nur die sogenannte „Ablehnungsfront“ an, sondern war auch für den Terrorismus – Flugzeugentführungen und Überfall auf die OPEC-Konferenz in Wien 1975 – der nachfolgenden Jahre verantwortlich. Als Haddad 1978 starb, wurde von solchen Aktionen sukzessive Abstand genommen. Damit ging auch der Einfluss der PLFP, die 1967 nach der Besetzung durch Israel gegründet worden war, unter den Radikalisierten zurück. Ihre säkular-marxistische Ausrichtung wurde zudem zum Bremsklotz, denn mit dem Zerfall der UdSSR schien diese „linke“ Vision keine Alternative für die Palästinenser zu sein. Der Glaube an eine sozialistische Zukunft wich dem Glauben an göttliche Vorsehung: Die Hamas übernahm mit dem reaktionären antisemitischen Islamismus die führende Rolle in der „Ablehnungsfront“ gegen die PLO und alle diplomatischen Bemühungen. Die deutlich geschwächte PLFP und die erstarkte Hamas sind verfeindet, auch wenn sich im Ausland immer wieder Kooperationen ergeben.[19] Bis zur Gründung der Hamas im Jahr 1987 war die PLFP die „radikale“ Alternative zur gemäßigten Fatah. Das änderte sich durch den Siegeszug des Islamismus in vielen arabischen Regionen.

Die Zeit nach der israelischen Besetzung bis zur ersten Intifada (1967-1987) bestand für die Palästinenser aus chronischen Demütigungen ohne Recht auf politische Freiheit. Israel hatte alles verboten und ein eigener Staat schien nicht mehr realisierbar. Die resultierende Verzweiflung brach sich Bahn nach einem mehr oder weniger zufälligen Unfall zwischen einem israelischen Lkw und zwei palästinensischen Taxis. Es starben 4 Palästinenser. In der schon vorher aufgeheizten Atmosphäre kam es zu umfassenden Aufständen mit Massendemons-

[17] PLFP = Volksfront zur Befreiung Palästinas; versteht sich als Opposition in der PLO.

[18] Habasch, der als Spiritus Rector der Flugzeugentführungen gilt, erlag 2008 einem Herzleiden. Haddad starb 1978 in Ostberlin.

[19] Meischen 2023, o.S.

trationen, Streiks, Boykotts israelischer Produkte und der Verweigerung von Steuerzahlungen an den israelischen Besatzer. Die PLO war im Exil nicht nah genug an den Aufständen und verlor die Führung der Widerstandsbewegung an dschihadistische Gruppen. Ende 1987 entstand aus dieser ersten Intifada die Hamas. Der Zeitpunkt kann als Kipppunkt für den säkularen Widerstand gesehen werden: Die säkular ausgerichtete PLO verlor Einfluss zugunsten islamistischer Aktivisten unter Führung der Hamas.

Die erste Intifada lenkte die internationale Aufmerksamkeit wieder auf den ungelösten Palästina-Konflikt. Der zweite Golfkrieg (erster Irak-Krieg) 4 Jahre später erhöhte das Interesse nochmals, weil 450.000 Palästinenser aus dem vom Irak angegriffenen Kuwait flüchteten.

Die PLO und ihr politischer Führer Jassir Arafat hatten sich mit Iraks Staatschef Saddam Hussein solidarisiert, der den militanten palästinensischen Widerstand hier und da finanziell unterstützte. Das war ein kardinaler Fehler. Saddam Husseins Armee überfiel Kuwait unter dem Vorwand, dieses habe irakische Ölquellen angezapft. Auch wurde Kuwait unterstellt, die Förderhöchstmengen nicht einzuhalten und so einen Preisverfall provoziert zu haben. Der Irak war auf die Erlöse aus dem Ölgeschäft angewiesen und litt unter schwindenden Einnahmen. Hauptgrund für die Staatfinanzkrise war der 8-jährige Krieg[20] von 1980 bis 1988 mit der Islamischen Republik Iran: Dieser Krieg hatte keinen Sieger und wurde mit einem Waffenstillstand beendet. Der Irak war allerdings im Anschluss bei einigen arabischen Ländern hoch verschuldet.

Der Angriff auf Kuwait im Jahr 1990 wurde sowohl von den ölreichen Golf-Staaten als auch von den USA verurteilt. Eine von den USA geführte Koalition stellte mit einer intensiven militärischen Intervention – unterstützt durch die UN – das regionale Gleichgewicht wieder her. Die inzwischen in Palästina umstrittene PLO[21] hatte sich mit der Saddam-Hussein-Solidarität verkalkuliert, denn sie hatte sich damit die finanzielle und logistische Unterstützung durch andere Golf-

[20] Der Irak wurde von den USA mit Waffen massiv unterstützt, um den Iran zu schwächen. Mit diesen Waffen wurden auch Kuwait und später die eigene Bevölkerung angegriffen.

[21] Die Kritik in Palästina an der PLO Führung wuchs zunehmend: Vorwurf der Korruption und Mangel an Radikalität im Widerstand.

Staaten verscherzt. Noch schwerer wog die Reaktion Kuwaits, das den dort lebenden Palästinensern Kollaboration mit dem Irak unterstellte.[22] Bereits lange vor dem Krieg wurden die nach 1967 geflüchteten Palästinenser in Kuwait diskriminiert. Rund 100.000 mussten das Land verlassen, weil ihnen ab einem Alter von 21 Jahren das Aufenthaltsrecht entzogen wurde. Die von gut ausgebildeten Palästinensern bestückte Verwaltung wurde mit Kuwaitern besetzt, sobald sich die Gelegenheit ergab. Nun wurde die Haltung der PLO zur allerbesten Begründung für die Ausweisung und Vertreibung von weiteren 350.000 Palästinensern, die sich auf den Weg in andere Golf-Staaten, aber besonders in Richtung Jordanien machten. Jordanien hatte 1992 einen Palästinenseranteil von 70 Prozent[23] und massive Versorgungsprobleme mit einer Arbeitslosenquote von 50 Prozent.[24] Wieder waren die Vereinten Nationen gefragt und die USA initiierten einen Vorstoß zur Lösung des Palästina-Konflikts. Arafats PLO musste sich mit den Geldgebern außerhalb Iraks versöhnen, sollte die PLO nicht „ausbluten". Die globalen und regionalen Player inklusive Israel nutzten die Gelegenheit, Arafat zur Loslösung vom Irak zu bewegen.

Arafat ging auf Distanz zu Bagdad und verbot seinen Milizen die Unterstützung des Iraks. Auch wurden die Raketenbeschüsse gegen Israel aus dem Südlibanon eingestellt. Besonders Ägypten und Syrien mühten sich um ein Friedenskonzept, das auf die Schaffung einer palästinensisch-jordanischen Föderation und eines gemeinsamen Wirtschaftsraums mit Israel abzielte. Israels Premierminister Rabin nutzte ebenfalls die Gunst der Stunde, Arafat in dieser misslichen Lage zur Anerkennung Israels zu bewegen.[25] Die Zustimmung zu den Osloer Verträgen ist u.a. ein Ergebnis der arabischen Dissonanzen, des irakischen Überfalls auf Kuwait und der massiven Migration der dort lebenden Palästinenser in die Nachbarstaaten. Dieser Schritt spaltete den palästinensischen Widerstand an der Frage der Anerkennung Israels und einer potenziellen Zwei-Staaten-Lösung. Diese Agenda ist mit dem Islamismus inkompatibel und alle Misserfolge auf dem Weg zu

[22] Ntv 2006, o.S.
[23] Der Anteil ging später auf 50 % zurück, da sich viele Palästinenser andere Zufluchtsorte als Jordanien suchten (GJU 2024, o.S.).
[24] Spiegel 1992, o.S.
[25] Flottau 2016, o.S.

einer friedlichen Lösung verschafften den Dschihadisten und besonders der 1987 gegründeten Hamas neuen Aufschwung.

1.2 Muslimbruderschaft und Hamas

Die Muslimbruderschaft (MB) ist die ideologische Plattform der Hamas. Die MB bildete sich in Palästina als Flügel des ägyptischen Hauptquartiers noch vor der Gründung Israels. Sie generierte viele Anhänger durch sozialkaritative und erzieherische Aktivitäten. Scheich Ahmad Yassin, ausgebildet in Ägypten, gründete 1973 das „Islamische Zentrum" im Gazastreifen. Es war die unmittelbare Vorläuferorganisation der Hamas, finanziert durch die wohlhabenden Golf-Staaten. Muslimbrüder aus allen Ecken der Welt spendeten Geld für propagandistische Arbeit durch Intellektuelle und Gelehrte aus dem Umfeld der stark angewachsenen Muslimbruderschaft. Mit Hospitälern, Schulen, Kindergärten und Jugendzentren wurde die Ideologie der MB in die palästinensische Jugend getragen, aus der sich in den 1970er und 1980er Jahre eine neue Generation von Islamisten herausbildete. Die Hamas baute auf militante Strukturen, die aus Ägypten importiert wurden. Die erste Intifada 1987 war der Startschuss für den bewaffneten Kampf der Hamas mit den Strukturen der MB. Ohne die Geschichte der Muslimbruderschaft ist die Hamas politisch kaum zu verorten. Militärisch schätzen die USA die Gruppe wie folgt ein:

> „Die HAMAS setzt improvisierte Sprengsätze, Kurz- und Langstreckenraketen und Mörser, Handfeuerwaffen, Entführungen, Panzerfäuste, tragbare Luftabwehrsysteme, Panzerabwehrraketen und unbemannte Flugsysteme bei Angriffen gegen israelische Streitkräfte und Zivilisten sowie gegen ISIS und andere bewaffnete Salafisten im Gazastreifen ein. Die Gruppe setzt auch Cyberspionage zur Ausspähung von Computernetzen ein."[26] (Übersetzt vom Autor)

Die Muslimbruderschaft erlangte globale Aufmerksamkeit, als ihr Protagonist Muhammed Mursi[27] in zwei aufeinanderfolgenden demo-

[26] Counter Terrorism 2022, o.S.

[27] Mursi starb aufgrund mangelnder medizinischer Versorgung in der Haft 2019 bei einem Gerichtstermin.

kratischen Wahlen 2011/2012 als „Unabhängiger" in das ägyptische Präsidentenamt gewählt wurde. In der ersten Wahl schafften die Muslimbrüder (37,5 Prozent) und Salafisten (fast 28 Prozent) eine deutliche Mehrheit. In der zweiten Wahl setze sich Mursi gegen Ahmad Shafiq durch, den letzten Premierminister und Luftwaffengeneral unter dem gestürzten Präsidenten Husni Mubarak. Eigentlich war die Wahl ein Produkt des „Arabischen Frühlings" bzw. der „Arabellion", eines Widerstands gegen soziale Ungleichheit und autoritäre Staatsführung. Die Islamisten waren durch die finanzielle Unterstützung der MB-Sympathisanten aus Katar und Erdogans Türkei in der Lage gewesen, besonders in der verarmten Landbevölkerung Sympathie zu wecken. Vielfältige karitative Hilfs- und Sozialprojekte und Predigten in den Moscheen schufen die Basis für den Wahlerfolg, der der Ausgangspunkt für die Bildung eines Islam-Staates sein sollte. Doch die Muslimbrüder hatten verkannt, was es heißt, wenn der Staatsapparat inkl. Militär ideologisch anders ausgerichtet ist, als es der eigenen Vorstellung entspricht. Der Staat war noch säkular, wenn auch repressiv ausgelegt. Die von Mursi angestrebten Verfassungsänderungen mit Koran-Vorgaben und Freilassung von islamistischen Straftätern stießen auf grundlegende Ablehnung beim Militär und anderen Bediensteten im Staatsapparat.[28] Nur ein Jahr später wurden Mursi und seine Gefolgsleute durch einen Militärputsch angeführt von Abdel Fatah El-Sisi gestürzt. El-Sisi hat sich seit 2014 mehrere Male unter Ausschaltung echter Opposition und Veränderung der Verfassung (ähnlich wie Putin) zum Präsidenten „wählen" lassen: das letzte Mal Ende 2023.

Mursi wurde nicht nur entmachtet, sondern auch inhaftiert, die Muslimbruderschaft 2013 erneut verboten. Im selben Jahr wurden 529 Anhänger der Gruppe nach zwei Überfällen auf südägyptische Polizeistationen ohne jede Rechtsstaatlichkeit zum Tode verurteilt. Die Mitgliedschaft in der Muslimbruderschaft reichte der Justiz zur Verurteilung.[29] In Ägypten herrscht eine rigorose Diktatur (siehe Abb. 17 in Abschnitt 4.4.2). Das bittere Ende des auf Freiheit ausgerichteten „Arabischen Frühlings" wurde von den Golf-Emiraten mit Ausnahme Katars mit Wohlwollen aufgenommen. Demokratie sollte auf keinen Fall einkehren, aber auch kein anachronistisches Staatswesen, wie es

[28] Magnet 2021, o.S.
[29] Salloum 2014, o.S.

die MB anstrebt. Besonders hervor tat sich dabei Saudi-Arabien mit dem Kronprinzen bin Salman, der zusammen mit seinem emiratischen „Amtskollegen“ bin Zayed (VAE) und Ägyptens General Abdel Fattah al-Sisi das autokratische Triumvirat der arabischen Welt abgibt. Die regionale Ordnung ist nur mit und nicht gegen diese Despoten, die sich allmählich säkularisieren, herzustellen.[30] Das musste auch die MB spüren.

Im Laufe ihrer Geschichte wurde die MB mehrfach verboten. Sie gilt als älteste islamistische Organisation mit Wurzeln zurück bis in das Jahr 1928, gegründet vom Volksschullehrer Hassan al-Banna in Ägypten. Die Einheit von Staat und Gottheit steht für die MB an oberster Stelle, so dass jedwede staatliche Ordnung und Justiz an der auf Koran und Sunna basierenden Scharia auszurichten ist. In diesem Rahmen ist dem Volk gestattet, am politischen Austausch teilzuhaben. Das schließt „demokratische“ Wahlen ein, aber Alternativen zur Scharia aus. Gott (Allah) ist der Souverän, nicht das Volk. Ein analoges Modell verfolgt auch der Iran. Die Muslimbrüder haben sich seit den 1970er Jahren von der Gewaltanwendung losgesagt. Eine Ausnahme machen sie beim Palästina-Konflikt.[31] In den Anfängen beschränkte sich die MB auf Predigten und Seminare. Die Illusion eines friedlichen Übergangs in einen globalen islamischen Staat wich der Überzeugung, die Ziele seien nur mit militanten Aktionen erreichbar. Da die sunnitische MB den ideologischen Überbau für die Hamas liefert, ist die Legitimation für Terror gegeben. Nicht nur Christen, Ungläubige und Juden sind das Ziel militanter Attacken, auch Schiiten gelten als abtrünnig. Das belegt die Rivalität zum Iran. In Saudi-Arabien befindet sich eine hybride Form der wahhabitischen Muslimbruderschaft.

1948 wurde die MB zum ersten Mal öffentlichkeitswirksam verboten. Die Militarisierung der Gruppe, in diesem Fall ein größeres Waffenarsenal in Kairo, beunruhigte König Fārūq derart, dass viele Mitglieder inhaftiert wurden. Drei Wochen später war ein Attentat

[30] Der *Economist* hatte 2017 auf die Säkularisierung aufmerksam gemacht: Mehr Rechte der Frauen bei abnehmender Islam-Gläubigkeit (Economist 2017, o.S). Im Untertitel des Artikels wird auf die Konsolidierung der Macht durch Säkularisierung verwiesen. Ein Prozess, der im Iran verhindert wird und das Land in ein Pulverfass verwandelt. Es ist für die Golf-Monarchen ein Spagat zwischen Gewährung von Freiheiten und Machterhalt.

[31] NRW 2024, o.S.

gegen den ägyptischen Premierminister an-Nuqrāšī durch einen Muslimbruder erfolgreich. 1950 wurde das MB-Verbot aufgehoben und 1954 reaktiviert. Radikale Subgruppen hatten immer wieder dafür gesorgt, dass die MB insgesamt als gewaltbereit eingestuft wurde. Das zieht sich bis heute hin. Die MB verfügt über eine Anhängerschaft von rund einer Million Aktiven in Ägypten. Im Ausland sind neben der Hamas die tunesische Ennahda, die libysche „Partei für Gerechtigkeit und Aufbau“ sowie die im Sudan regierende „Nationale Kongresspartei“ als einflussreich einzustufen. Bis auf die Hamas stehen diese Gruppen nicht unter dem direkten Einfluss aus Ägypten. Auch in Europa ist die MB verzweigt. Sie ist Teil des internationalen Islamismus.[32] Die Hamas ist schon aufgrund der engen Verbindung und ihrer Gründung durch die MB aus der rein nationalen Agenda herausgetreten. Der Antisemitismus der Hamas-Prägung ist mehr als eine vermeintlich politische Befreiungsagenda. Er verleiht der gesamten palästinensischen Bewegung ein Stigma von Rassismus. Die besondere Tragik der Hamas besteht darin, dass aktuell die moderate Fraktion wenig Einfluss hat. Im Jahr 2017 legte die Hamas eine revidierende Ergänzung zur Charta von 1988 vor, die den palästinensischen Staat in den Grenzen von 1967 als Interimslösung akzeptiert. Sogar eine Zusammenarbeit mit Ägypten gegen islamistische Dschihadisten, die sich von Ägypten in den Gazastreifen zurückzogen, wurde angeboten und umgesetzt. Freilich nicht ohne Druck aus Kairo, denn die Verbindung zu den Muslimbrüdern führte 2014 zum Verbot der Hamas in Ägypten. 2015 wurde die Hamas als Terrororganisation eingestuft, was im Frühjahr 2017 zur Lossagung der Hamas von der MB führte. Gescheiterte Verhandlungen mit der Fatah im Jahr 2022 ebneten die Annäherung an den Iran und Syrien und damit auch eine Rückkehr zum gewaltsamen Kurs. Diese Änderungen wurden vom Netanjahu-Regime befördert, als Ende 2022 die Leitlinien zum territorialen Anspruch Israels auf Palästina vom Mittelmeer bis zum Jordan bekannt und eine Zwei-Staaten-Lösung explizit ausgeschlossen wurden. Damit war die Charta-Ergänzung der Hamas vom Tisch und eine Verhandlungslage weit weg von den Oslo-Vereinbarungen wurde zur bitteren Realität.[33] Die

[32] Kreutz 2019, o.S.

[33] Asseburg/Busse 2024, S. 89, 118.

Besiedlungen des Westjordanlands sind die reale Umsetzung des zionistischen Projekts.

Die Hamas-Attacke vom 7. Oktober lähmte die palästinensischen und jüdischen Kräfte, die mit Verhandlungen vorankommen wollen. Der Antisemitismus wird wieder salonfähig, umgekehrt läuft jede Kritik an Israel Gefahr, als „antisemitisch" abgetan zu werden. Mit unvereinbaren Identitätsbildungen und Narrativen werden die Mullahs und Regenten wie Erdogan in ihren Spaltungsmanövern gestärkt. Diese Staatsführungen nutzen die aufgeladene Situation, um eigene Interessen durchzusetzen.

Die Zahl der toten Juden vom 7. Oktober ist die höchste seit dem Holocaust. Ohne die Überwindung des Antisemitismus wird der palästinensische Widerstand scheitern. Das muss die PLO berücksichtigen, wenn die Palästinenser aus der aktuellen Perspektivlosigkeit heraustreten wollen. Im Gegenzug wird Israel einiges tun müssen, um die moderaten Kräfte um die PLO zu stärken. Die „friedliche Kooperation" mit der Hamas war der falsche Weg.

1.2.1 Al-Jazeera-Propaganda

Der ägyptische Religionsgelehrte und Muslimbruder Yusuf al-Qaradawi[34] avancierte zum bedeutendsten Unterstützer der Hamas. Er verließ Ägypten und lehrte an der Katarer Universität „Islamismus" nach Lesart der MB. Al-Qaradawi galt als einer der einflussreichsten Gelehrten der arabisch-muslimischen Welt und einige seiner Schriften fanden auch Eingang in die Hamas-Charta von 1988. Er verfasste 2001 ein Rechtsgutachten (fatawa), in dem zum wiederholten Mal erklärt wurde, dass es für Muslime im Kampf gegen die nicht-muslimischen Besatzer legitim sei, mit Selbstmordattentaten Israelis zu töten.[35] Damit wurde den Muslimen der Hamas das theologische Dilemma genommen, denn Selbstmord galt unter den sunnitischen Traditionalisten als verboten.

[34] Yusuf al-Qaradawi wurde 1926 in Ägypten geboren und starb 2022 in Doha (Katar). Für al-Qaradawi war „Hitler" die gerechte Strafe der Juden.
[35] Steinberg 2023, o.S.

Al-Qaradawi hatte über den 1996 vom Ex-Staatschef Katars, Emir Hamad Bin Khalifa Al Thani[36], gegründeten Satellitensender Al-Jazeera einen exklusiven wie privilegierten Zugang zur arabischen und damit auch palästinensischen Öffentlichkeit. In wenigen Jahren entwickelte Al-Jazeera eine führende Rolle in der arabischsprachigen Medienlandschaft, denn die Reichweite übertraf alles bis dahin Bestehende. Bis zum „arabischen Frühling" 2011 kann Al-Jazeera eine gewisse Pluralität attestiert werden. Dann änderte sich die politische Agenda: Al-Jazeera berichtete kritisch über alle Länder mit Ausnahme Katars. Davon profitierten vor allem die Muslimbrüder, die fast ausschließlich Oppositionelle in ihren Ländern waren. Die Unterstützung durch Al-Jazeera kann nicht hoch genug gewertet werden. Yusuf al-Qaradawi konnte mit der wöchentlichen Sendung „Die Scharia und das Leben" die Ideologie der MB massenwirksam ausstrahlen lassen. Für die Hamas war das ein wichtiger Vorteil nicht nur im Kampf gegen Israel, sondern auch in der Rivalität zur PLO. Am Tag des Hamas-Überfalls auf Israel am 7. Oktober 2023 sendete Al-Jazeera völlig unkommentiert etliche Reden von Hamas-Führern und deren Sprechern. Die Hamas verfügt über ein Büro in Doha, was angeblich auch einem Wunsch der USA entspricht. Möglicherweise hatten sich die USA ähnlich wie Israel eine „friedliche Koexistenz" ausgemalt. Unter ähnlichen Voraussetzungen sind auch die Finanzzuflüsse an den Gazastreifen über die Hamas konzipiert worden. Wie viel davon floss direkt zur Hamas?

1.3 Die Seelen der Israelis und Palästinenser

UN-Generalsekretär Antonio Guterres hat im Lichte des Terroraktes auf die möglichen Ursachen der anti-israelischen Aversion hingewiesen: der ungelöste Palästina-Konflikt und die fortbestehende Fehde seit zwei Weltkriegen und davor.[37]

Es geht um tiefliegenden und sich ständig reproduzierenden Hass, der in der Hamas-Terroraktion vom 7. Oktober 2023 kulminierte. Hass

[36] Hamad bin Khalifa Al Thani regierte von 1995 bis 2013.

[37] Die Anfänge des Konflikts: Zwischen 1908 und 1913 wurden 11 neue jüdische Kolonien durch Landverkauf unter arabischen Protesten gegründet (Brocca 2022, o.S.).

kann sich vererben, wenn die Quelle nicht versiegt. Um den Hass zu überwinden, braucht es mehr als nur gute Worte. Und leider wurden Worte gegenüber den Arabern im Allgemeinen und den Palästinensern im Besonderen meistens gebrochen.

Wenn es um Hass geht sind unsere jüdischen Mitbürger das beste Beispiel, wie er überwunden werden kann. Der Holocaust war das maximal denkbare Verbrechen an einer ethnisch-religiösen Gruppe. Dass es überhaupt zu relativ normalen Beziehungen zwischen Israel und Deutschland gekommen ist, liegt vorrangig an der Überwindung der nachvollziehbaren Ablehnung Deutschlands. Auch wenn das nicht für alle Betroffenen gilt, so haben nach mehreren Generationen die Völker ein überwiegend freundschaftliches Verhältnis aufbauen können. Die Deutschen zeigen Reue und Juden akzeptieren, dass Deutschland nach dem Zweiten Weltkrieg ein anderes Volk hervorgebracht hat. Der Antisemitismus wird dieser Tage wieder besonders beleuchtet, weil unter den Muslimen in Deutschland Solidarität mit den Palästinensern geübt wird und mit der AfD eine mindestens latent antisemitische Partei an Zuspruch gewonnen hat.

Das sollte aber tunlichst differenziert betrachtet werden. Auch wenn der Antisemitismus unter Muslimen vorhanden ist, so beschränkt sich die Ablehnung teilweise nur auf die Unterdrückung der Palästinenser durch Israel. Bei der Infragestellung des Staates Israel handelt es sich nicht um Antisemitismus, sondern um Antizionismus. Aus diesem Blickwinkel muss die israelische Weigerung, einen Palästina-Staat anzuerkennen, ähnlich bewertet werden. Israel ist Realität und ein sinnvoller Schutzraum für ein jahrhundertelang verfolgtes Volk. Viele Palästinenser wollen das gesamte Palästina zurück, aber genauso fordern einige ultrarechte israelische Siedler, die sogar im Staatsdienst sind, die komplette Einnahme Palästinas: „Eretz Israel".[38] Es sind diese staatlich gestützten Landnahmen, die eine Annäherung der Parteien verhindern. Israels Staatschef Netanjahu ist in diesem Treiben ein bedeutender Akteur. Während der Nakba (Katastrophe der Niederlage und Vertreibung) 1948 zerstörten Siedler ca. 52.000 palästinensische Häuser. Das israelische Komitee gegen Häuserzerstörung zählte weitere 56.500

[38] „Eretz Israel" bedeutet „das Heilige Land": Einige extreme Zionisten resp. rechtsradikale Siedler favorisieren das Konzept eines jüdischen Staates, dessen Territorium der größten Ausdehnung des biblischen Israel entspricht.

zerstörte Gebäude in den besetzten Gebieten seit 1967.[39] Und die Siedlungsbewegung hält unter Netanjahu ungehindert und teilweise staatlich gewünscht an.

1.4 Die Radikalisierung

Die Geschichte vor dem Attentat ist lang und komplex. Sie beschreibt die geopolitischen Überlegungen der kolonialistischen Siegermächte (Vereinigtes Königreich und Frankreich) des Ersten Weltkriegs zur Installation eines jüdischen Staates und das Verprellen der Araber hinsichtlich eines unabhängigen Palästina. Die religiösen Differenzen wurden später instrumentalisiert und liefern ein geeignetes Feindbild zur Vertiefung von Ablehnung und Hass.

Die Palästinenser sind ein seit vielen Jahrzehnten gedemütigtes Volk. Das ist der beste Nährboden unnachgiebiger Verweigerung über Generationen hinweg.

Die Ausbreitung im Westjordanland unter Einschluss Ostjerusalems[40] war das erklärte Ziel Israels unter der Führung des damaligen Staatschefs Scharon, weil damit eine Zwei-Staaten-Lösung unwahrscheinlicher wurde/wird. Dieses Vorgehen eint die Hamas-Führung mit den rechtspopulistischen Siedlern um Netanjahu, denn dieses Manöver schwächte die verhandlungsbereite Fatah/PLO um Präsident Mahmud Abbas (Westbank[41]-Region) und stärkte die Hamas im Gazastreifen, denn nun war das (erfolgreiche) Signal auf militanten Widerstand gestellt.

Nicht die moderatere Fatah setzte sich durch, sondern die „Raketen und Steine werfende“ Hamas. Wäre der Abzug aus dem Gazastreifen ein diplomatisches Verhandlungsergebnis gewesen, hätte es Fatah und

[39] Die Zahlen stammen aus dem Innenministerium der Jerusalemer Stadtverwaltung, der UN-Zivilverwaltung, UN-Quellen, von NGOs und Erhebungen des Komitees selbst (Neumann 2023, o.S.).

[40] Jerusalem ist das Zentrum dreier Weltreligionen: Judentum, Islam und Christentum. Ostjerusalem wird von Israel seit dem Krieg von 1967 besetzt und gilt als Streitpunkt der Verhandlungen zwischen PLO und Israel, das die gesamte Stadt für sich reklamiert. Der Bau israelischer Siedlungen in den besetzten Gebieten ist völkerrechtlich illegal (Deutschlandfunk 2023, o.S.).

[41] Westbank ist der englische Begriff für das Westjordanland.

Abbas gestärkt. Aber der Rückzug wurde rein militärisch und opportunistisch vollzogen. Die Hamas reklamierte die Rücknahme der Besiedlung als Sieg ihres militanten Widerstands und als zweite Intifada.

1.4.1 Zweite Intifada

Die Friedensverhandlungen zwischen den arabischen Staaten, Vertretern der Palästinenser und Israel scheiterten trotz sichtbarer Fortschritte an folgenden Fragen:

- Grenzen und völkerrechtlicher Status eines künftigen palästinensischen Staates
- Zukunft der jüdischen Siedlungen im Westjordanland und in Ost-Jerusalem
- palästinensische Flüchtlingsfrage
- Aufteilung und Verwendung der Wasser-Ressourcen

Faktisch diktierte Israel in den besetzten Zonen nach 1967 das Leben der Palästinenser im Westjordanland und in Ostjerusalem. Die zweite Intifada von 2000 bis 2005 war die Reaktion der radikalen Palästinenser auf das Scheitern der Verhandlungen und die andauernde expansive israelische Siedlungspolitik. Die Folge war dauerhafter Terror der Hamas und die heftigen Reaktionen Israels. Ausgangspunkt waren die gescheiterten Friedensverhandlungen im Jahr 2000, auch bekannt als Camp David II.[42]

Als einschneidendes Ereignis gilt das Attentat im Jahr 2002 auf das Park-Hotel am Seder-Abend, an dem das Pessach-Fest beginnt. Die von den Muslimbrüdern legitimierten Selbstmordattentate richteten ein Blutbad an. Die Hamas bekannte sich zu dem Anschlag mit 30 Opfern und über 100 Verletzten. Die israelische Antwort war eine Militäroffensive bis tief in die Städte des besetzten Westjordanlandes. Der bereits gescheiterte Friedensprozess wurde mit der zweiten Intifada begraben. Dabei ist die Schuldfrage ähnlich zu beantworten wie jüngst

[42] Camp David ist der Sommersitz des US-Präsidenten. Camp David I leitete 1979 eine Friedensinitiative der Staatsführer Jimmy Carter (USA), Anwar as-Sadat (Ägypten) und Menachem Begin (Israel) ein.

am 7. Oktober 2023.[43] Die gewaltsamen Auseinandersetzungen wurden zum ständigen Begleiter beider Völker. Die Hamas-Hochburg Gazastreifen entwickelte sich für Israel zu einem extrem unsicheren Terrain.

Die Wahl in 2006 – ein Jahr nach dem Rückzug Israels aus dem Gazastreifen – gewann die Hamas (44 zu 41 Prozent). Das hätte möglicherweise verhindert werden können, wenn es die expansive ultrarechte Siedlungspolitik nicht gegeben hätte. Dann hätte der Gaza-Abzug Teil einer Rückgabe palästinensischer Gebiete sein können.[44] Heute ist das von Palästinensern bewohnte Gebiet in Westjordanland (Westbank) und Gazastreifen gespalten, in denen zwei verfeindete Gruppen das Sagen haben: Die Fatah verwaltet teilweise die Westbank und die Hamas den Gazastreifen. Auch das ist Ergebnis der vielen gescheiterten Friedensbemühungen und expansiver Siedlungspolitik. Die Radikalisierung war nur eine Frage der Zeit.

1.5 Eine Wirtschaft besteht nicht mehr

Das BIP Palästinas besteht zu über 70 Prozent aus Transferzahlungen von Hilfsorganisationen und der Palästinensischen Autonomiebehörde, die wiederum Gelder aus der EU, den USA und Katar bezieht. Die nun schon 17 Jahre andauernde israelische Gaza-Blockade wirkt wie eine Strafe. Handelsbeziehungen wurden verhindert und die Hamas-Verwaltung hält still. Eine Intifada wurde nicht entfacht, denn die Macht im Gazastreifen liegt in den Händen der Hamas unter der tolerierenden Kontrolle Israels. Die Hamas hatte erreicht, was sie wollte.

Das Finanzministerium in Gaza untersteht der Hamas, die sich aus den Einnahmen durch Zölle, Steuern, Zuwendungen des Iran und Katars, Spenden von Einzelunterstützern und internationalen Hilfsgeldern bedienen kann. 2,2 Millionen Menschen im Gazastreifen werden von der Hamas regiert. Immer wieder kommt es zu Unterfinanzierungen der Verwaltung, die regelmäßig von Katar – wie erst Mitte 2023 durch eine Finanzhilfe von 30 Millionen US-Dollar – ausgeglichen werden. Es sind monatliche Unterstützungen für Löhne und Gehälter der Hamas-

[43] Hammer 2022, o.S.
[44] Bertsch 2015, o.S.

Verwaltung. Darüber hinaus sind über 40 Prozent der Gaza-Bevölkerung arbeitslos,[45] unter Jugendlichen und jungen Erwachsenen sind es über 60 Prozent. Die Weltbank macht dafür die „fast vollständige Blockade" Israels verantwortlich. Eigene Engagements und Perspektiven im Gazastreifen sind so perspektivisch nicht gegeben. Nur 0,8 Prozent der Gaza-Palästinenser haben eine Arbeitserlaubnis in Israel.[46] Die große Mehrheit ist informell in Subsistenzwirtschaft und Heimarbeit (für Israel) aktiv oder ganz ohne Beschäftigung, was überwiegend der Fall ist. Für nicht von der Hamas Privilegierte ist die Lage hoffnungslos.

Eine vorhandene Opposition unter den Gaza-Palästinensern kritisierte in den Sozialen Netzwerken immer wieder die Vorgehensweise der Hamas, der Korruption vorgeworfen wird. Hamas-Mitglieder und Familienangehörige der Hamas erhalten Privilegien; Arbeitsplätze werden nicht nach Qualifikation, sondern nach Nähe zur Hamas vergeben. Ein anderer Vorwurf bezieht sich auf das Privileg der Hamas, dass deren Führer nebst Familien nicht unter den menschenverachtenden Umständen Gazas, sondern in der Türkei, Katar oder anderen Regionen leben, in denen fließend Wasser und permanente Energiebereitstellung (Strom) selbstverständlich sind. In dieser Erkenntnis liegt ein wesentliches Merkmal der Hamas-Untätigkeit: Sie profitiert von der unwürdigen Situation im Gazastreifen. Aber ebenso, wie die PLO unter den Korruptionsvorwürfen an Einfluss verlor, musste auch die Hamas der wachsenden Kritik Rechnung tragen: Proteste wurden gewaltsam gegen das eigene Volk niedergeschlagen.[47] So wurde 2019 nicht nur die Teilnahme an Demonstrationen gegen Arbeitslosigkeit als Inszenierung der Fatah diskreditiert, sondern es fanden auch Verhaftungen von Journalisten und Aktivisten statt.[48]

Ein Interesse der Hamas an der wirtschaftlichen Entwicklung des Gazastreifens ist nicht auszumachen.

[45] Metzger 2023, o.S.

[46] Sterkl 2023, o.S.; der Beitrag stammt vom Juni 2023, also von vor dem Überfall der Hamas.

[47] Israelnetz 2022, o.S.

[48] Metzger 2023, o.S.

Abbildung 1: BIP pro Kopf in USD von Israel, Palästina, Ägypten etc.

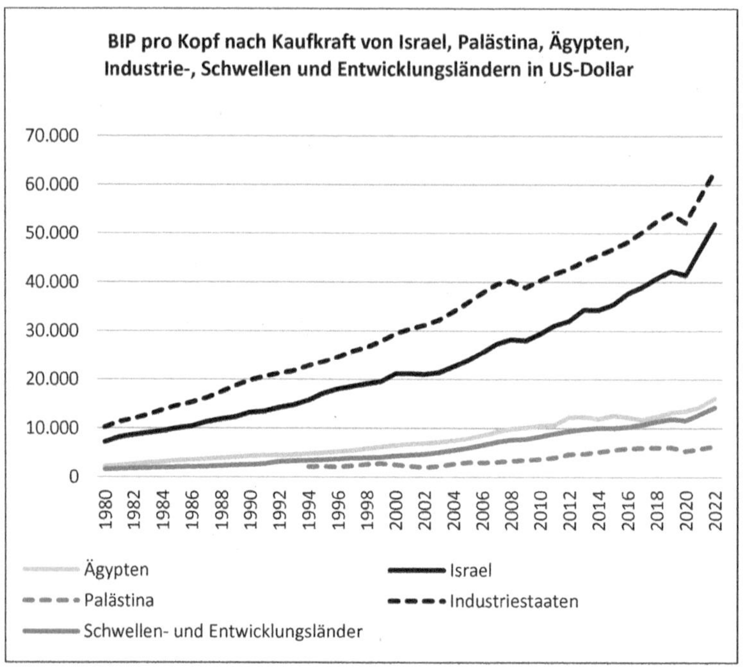

Daten: IMF 2023 und Roy 2019. ©te

1.5.1 Milizen-Ökonomie

Die finanzielle Dimension der Hamas-Steuereinnahmen und abgezweigten Hilfsgelder internationaler Organisationen ist kaum zu ermessen. Unter Terrorismusexperten gilt die Hamas als bestens ausgestattet. Mit den Geldern wurde ein internationales Netzwerk von Kapitalanlagen geschaffen. Im Bau- und Investitionssektor wurden in der Türkei, im Sudan, in Algerien, in Saudi-Arabien und einigen Arabischen Emiraten über 500 Millionen US-Dollar angelegt. Die Unternehmen agieren nicht einmal unter dem Radar, werden aber von den USA sanktioniert, da es sich bei der Hamas um eine terroristische Organisation handelt. Das sehen nicht alle Staaten so.[49] Außer den oben genannten Staaten der muslimischen Welt ist es auch die Schweiz, die wieder einmal der Versuchung des „schmutzigen“ Geldes nicht wiederstehen konnte. Erst am 22.11.2013 entschloss sich die Schweizer Regierung zum Verbot der Hamas. Einige dubiose NGOs wurden aus dem Schweizer Finanzsystem herausgehalten.[50]

Die finanzielle Ausstattung der Hamas speist sich aus der Armut und Perspektivlosigkeit der Palästinenser. Wäre die Entwicklung für die Palästinenser hoffnungsvoller, müsste die Hamas sich ein anderes Geschäftsmodell suchen. Dazu wäre sie nicht in der Lage. Sie lebt vom Elend der Palästinenser. Die Hamas hat sich stets den Vereinbarungen der Oslo-Verhandlungen verweigert. Ein Lösungsprozess für die noch offenen Fragen wie Flüchtlingsrückführung, Verteilung der Wasserkapazitäten und den Status Jerusalems hätte den Konflikt entschärft und der Hamas die Existenzgrundlage entzogen. Ihre Alimente-Ökonomie basiert auf Fortsetzung des Konflikts, nicht auf Beilegung.

- Es sind viele Unterstützer aus dem arabischen Raum, aus den USA und Europa, die durch familiäre Bindung für regelmäßige Überweisungen sorgen.
- Die UNO-Flüchtlingsorganisation UNRWA ist der größte Arbeitgeber Palästinas und sorgt über Beschäftigung für Einkommen: ein reiner Selbstzweck, der aber Steuern für die Hamas generiert.
- Die Unterstützung aus dem arabischen Raum speist sich aus den immensen Öl-Einnahmen, von denen ein winziger Teil ideologisch und religiös intendiert nach Palästina, also in die verwaltenden Einheiten und PLO/Hamas fließt.

Die militärische Ausrüstung und der „Sold“ der Milizionäre wird nicht durch die eigene Volkswirtschaft bestritten, sondern aus den Alimenten der Unterstützer. Die Milizionäre sind nicht nur in Palästina ansässig, sondern auch in den Anrainerstaaten, besonders in Jordanien und im Libanon. In einer Friedenswirtschaft wäre wohl kaum ein Platz für diese Freischärler. Es gäbe keine Legitimation für eine finanzielle Freistellung der Aktivisten. Militante Aktionen resp. Provokationen,

[49] Schindler 2023, o.S.
[50] Schweizer Eidgenossenschaft 2023, o.S.

Fanatismus und Kriegerkult sind wesentliche Elemente in der Perpetuierung dieses „Geschäftsmodells“, das den Privilegierten der Hamas – und auch den korrupten Teilen der PLO – verloren ginge, wenn der Konflikt beigelegt werden würde.

Das gilt freilich, wenn auch unter umgekehrten Vorzeichen, auch für Israel und andere Staaten, die entweder aus Gründen geplanter Landnahmen (Russland vs. Ukraine) oder aus Sicherheitsaspekten den Militärapparat ausbauen. Das Militär hat im Staat eine gewichtige Position und die politische Macht kommt aus den Gewehrläufen.[51] Das israelische Militär verbessert die eigene Position mit steigender Unsicherheit für den Staat. Und auch Israel bezieht Unterstützungen aus dem Ausland. Es sind dies die im Ausland lebenden Juden und vor allem die USA selbst, die jährlich mehrere Milliarden US-Dollar nach Israel fließen lassen. Darunter sind die Militärhilfen dominant. Der Konflikt um Palästina ist nicht ökonomisch zu erklären, denn das winzige zerklüftete Land wird Israel nicht helfen, aus der bereits bestehenden Hochleistungswirtschaft noch mehr herauszuholen. Hier geht es um den ideologischen Ausbau der Regionen im Westjordanland und Ostjerusalems.[52] Israel hat sich zur Geisel von Siedlern gemacht, die vom Militärapparat gestützt werden. Die US-amerikanischen Finanzhilfen werden für dieses Projekt eingesetzt.

1.6 Die Palästinenser haben das schlechtere Ende

Es ist Fakt, dass sich die Lebensverhältnisse Palästinas (das, was davon übrig blieb) und Israels grundlegend auseinanderentwickelt haben. Israel ist in jeder Hinsicht ein moderner, wenn auch bedrohter Staat, der seit Benjamin Netanjahus Machtübernahme zunehmend undemo-

[51] Mao Tsetung 1968, S. 261. Bei aller Kritik am ehemaligen KP- und Staatsführer Chinas ist diese Feststellung unumstößlich. Die vielen Militärputsche belegen, dass eine Differenz zur politischen Führung eines Staates nicht selten zum Sturz führt.

[52] Anders ist das Interesse der USA an Israel zu bewerten. Auch wenn die Öl-Region der Nachbarstaaten für die USA nicht mehr so wichtig wie vor dem Öl-Gas-Fracking ist, so sind mindestens der Suezkanal und die geopolitische Lage noch von Bedeutung. Für die EU gilt das umso mehr aufgrund der Energieabhängigkeit.

kratischer und anti-palästinensischer agiert. Aber auch schon vor dieser Regentschaft wurde die Lage immer asymmetrischer. Ex-Ministerpräsident Ehud Barak nannte Israel einst „Villa im Dschungel", die entsprechend verteidigt werden müsste. Die Maxime von der Einnahme ganz Palästinas wurde vom wachsenden Teil der Likud- und Arbeiterpartei immer offensiver vertreten. Die Rechten sprachen nach der Annexion von 1967 in biblischen Begriffen von Judäa und Samaria, von einer Wiedervereinigung mit dem Westjordanland und Ostjerusalem.[53] Ein Blick auf die territorialen Veränderungen verdeutlicht eines der Kernprobleme.

Die Zerklüftung des Westjordanlands durch israelische Siedler erschwert eine potenzielle Zwei-Staaten-Lösung enorm. Einige Experten zweifeln bereits an der Durchführbarkeit angesichts von ca. 600.0000 Israelis in 200 Siedlungen in dem von Israel kontrollierten Gebiet Palästinas.[54]

Die Zwei-Staaten-Lösung wurde in Oslo 1993 vorverhandelt. Die gegenseitige Anerkennung der Staaten und der Rückzug Israels aus dem Westjordanland waren Elemente der Vereinbarung. Die vereinbarte 5-jährige Übergangszeit war dagegen ein kardinaler Fehler, denn die Gegner auf beiden Seiten nutzten die Zeit für erfolgreiche Sabotagen bis hin zum Attentat auf Israels Regierungschef Jitzchak Rabin durch einen rechtsradikalen israelischen Jurastudenten.[55]

Die Einwände palästinensischer Kritiker bezogen sich auch auf die Tatsache, dass die zugestandene Fläche nur noch ein Flickenteppich von 22 Prozent des ehemaligen britischen Mandatsgebietes Palästinas umfasste. Es war kein Territorium mit einer gemeinsamen Infrastruktur und einem zusammenhängenden Markt. Die israelische Siedlungspolitik hatte den Ansatz einer palästinensischen Staatsbildung zerstört.[56] Nicht wenige Experten sehen darin eine zionistische Strategie.[57]

[53] Asseburg/Busse 2024, S. 13.
[54] Tagesschau 2023a, o.S.
[55] Segador 2018, o.S.
[56] Ehrke 2002, S.3f
[57] Deutschlandfunk 2007, o.S.

Abbildung 2: Palästina und Israel von 1947 bis heute

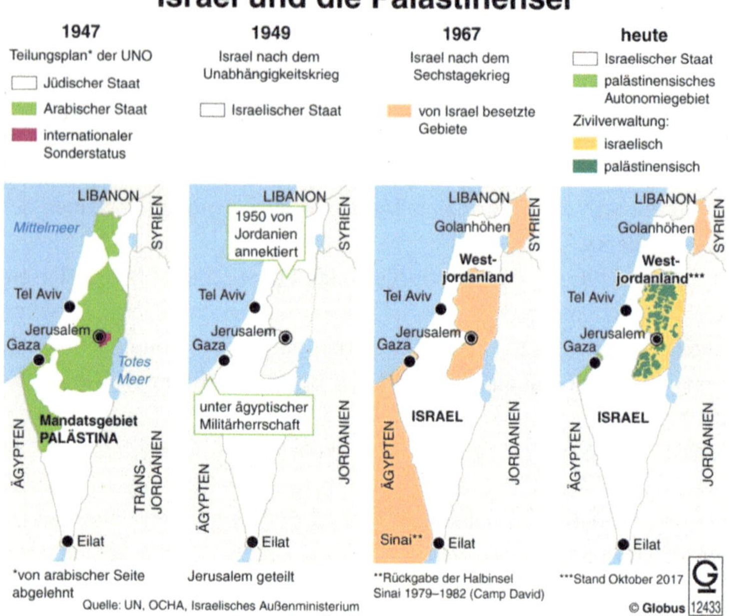

Quelle: dpa-infografik 2023

Der Umgang Israels mit Kritik an der Siedlungspolitik und der Verweigerung der Zwei-Staaten-Lösung besteht aus offiziellen und informellen Protesten. Auf das Insistieren des Ex-US-Außenministers John Kerry in einer vielbeachteten Rede[58] reagierte Ministerpräsident Netanjahu 2016 mit einer Replik, die als Muster dienen kann. Damals verwies er unter anderem darauf, dass Israel der einzige Staat im Nahen Osten sei, in dem Weihnachten friedlich gefeiert werden könne. Dieser Irrtum hat ihn spätestens 2023 eingeholt; seinen Beitrag zur Nahost-Instabilität hat er bis heute negiert. Seine Äußerung lautete folgendermaßen:

[58] Der damalige deutsche Bundesaußenminister Frank-Walter Steinmeier hatte Kerrys Appell für eine Zwei-Staaten-Lösung ausdrücklich begrüßt.

> „Ich muss ehrlich gestehen, dass ich überrascht war. Darauf konzentriert sich also der Außenminister der Vereinigten Staaten, der größten Weltmacht, in einer einstündigen Rede? Der gesamte Nahe Osten steht in Flammen. Ganze Staaten brechen zusammen. Der Terror wütet. Und der Außenminister greift eine Stunde lang die einzige Demokratie im Nahen Osten an!“[59]

Netanjahu erteilt sich Immunität, wenn es um israelische Politik geht. In seiner politischen Laufbahn hat er je sich nach Lage der nationalen Umfragen mal für und mal gegen eine Zwei-Staaten-Lösung ausgesprochen. Der jüngst anhaltende Rechtsruck der Regierung hat ihn veranlasst, die Zwei-Staaten-Lösung von der Agenda zu nehmen. So wird der asymmetrische Zustand eines Lebens unter Zivilrecht vs. eines Lebens unter Militärrecht (besetzte Gebiete) nicht aufgehoben und die Quelle der unversöhnlichen Ideologien nicht versiegen.

1.7 Sykes-Picot, Balfour und Hussein-McMahon-Briefe

Nicht ohne Grund wurde Israel über Jahrzehnte hinweg von der UNO mit Resolutionen belegt, die meistens vom Veto der USA geblockt wurden. Der globale Süden stimmte traditionell gegen die alten Kolonialisten und für das palästinensische Volk. Das Drama dieses Konflikts beginnt einmal mehr mit dem britischen Kolonialismus, der im Ersten Weltkrieg den französischen mit sich zog. Das Vereinigte Königreich besetzte mit seinen Truppen Palästina, das bis dahin als randständige Region zum Kriegsverlierer Osmanisches Reich zählte. Später wurde Palästina bis hin zum persischen Golf in ein britisches und ein französisches Protektorat geteilt (Sykes-Picot-Abkommen aus 1916).

Die Diplomaten François Georges-Picot (Frankreich) und Mark Sykes (Vereinigtes Königreich) vereinbarten in den Diensten ihrer Regierungen vier Einflusszonen, in denen Russland noch als vierte potenzielle Siegermacht berücksichtigt wurde. Zwei Jahre später stieg Russland – als real großer Verlierer – durch das Brest-Litowsk-Abkom-

[59] Deutschlandfunk 2016, o.S.

men[60] mit Deutschland unter großen territorialen Verlusten (ein Viertel der Fläche) aus dem Krieg aus. Der russische Bürgerkrieg mit dem Sieg der Bolschewiki in 2017 schwächte Russland entscheidend. In einem späteren Entwurf wurde Russland aus der Beuteverteilung des Osmanischen Reiches herausgenommen, was die Bolschewiki an die Öffentlichkeit brachten.

Das geheime Abkommen wurde in *Prawda* und *Iswestija* und Tage später im britischen *Guardian* veröffentlicht. Frankreich und das Vereinigte Königreich waren desavouiert und die arabische Welt wurde misstrauisch ob dieser konspirativen Vorgänge. Eigentlich lag ein anderes Versprechen der Briten vor, das vom britischen Hochkommissar A.H. McMahon 1916 gegenüber dem Sherif von Mekka Hussein ibn Ali gegeben wurde.[61] Michael Wolffsohn schrieb im Jahr 2008 dazu:

> „Erstens sind für den, der den Brief liest und auf eine Karte schaut, die Grenzen eindeutig. Er erkennt, dass auch das Heilige Land [Palästina, der Autor] zum versprochenen arabischen Gebiet gehörte. Müßig ist der Streit aber aus einem noch viel wichtigeren Grund: Die britische Regierung dachte nicht im Traum daran, das gegebene Versprechen auch zu halten."[62]

Sykes und Picot zeichneten neue Grenzen ohne Mandat und Konsultationen der Beteiligten.[63] Die Linien wurden einfach in den Sand gezeichnet, weshalb dieses Abkommen auch den Namen „Lines in the Sand" trägt (Abb. 3). Die Teilung nahm keine Rücksicht auf Stammesgebiete, so dass viele arabische Stämme zerrissen und auf verschiedene neu entstehende Staaten verteilt wurden. Viele Beduinen lehnten Zentralregierungen per se ab. So konnte Jahre später in Syrien eine alawitische Minderheit (der Clan um Assad) die Macht über die sunnitische Mehrheit erlangen, während im Irak bis zur Entmachtung

[60] Deutschland rückte in Osteuropa bedenklich nahe an den Regierungssitz in Petrograd (Sankt Petersburg) heran. Russlands Staatsführer Lenin akzeptierte einen Friedensvertrag zu deutschen Bedingungen und damit die Abgabe des Baltikums, der Ukraine, Weißrusslands und Polens. Im Weißen Palast der Festung Brest im weißrussischen Brest-Litowsk wurde der Vertrag unterzeichnet.
[61] McMahon 1916, o.S.
[62] Wolffsohn 2008, o.S.
[63] Lekic 2014, o.S.

Saddam Husseins eine sunnitische Minderheit über die schiitische Mehrheit regierte.

Abbildung 3: Sykes-Picot-Aufteilung

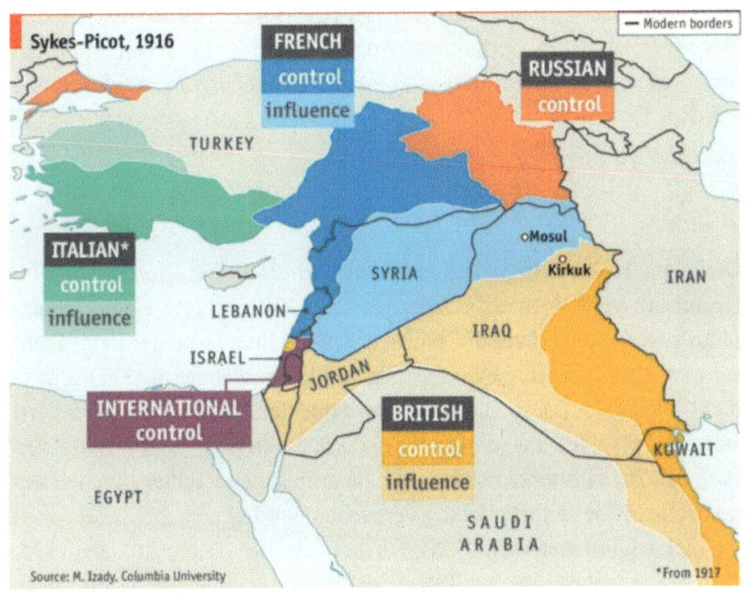

Quelle: Economist 2016

Die arabischen Völker waren für den Westen in keiner Weise von Interesse, es sei denn als militärische Unterstützung wie z.B. im Ersten Weltkrieg gegen das Osmanische Reich. Die Gegenleistung war Betrug.[64] So ist zumindest die Sichtweise der Araber, was angesichts der Ereignisse auch nachvollziehbar ist.

Das Vereinigte Königreich hatte das Augenmerk auf Palästina gerichtet, weil es die Region östlich vom Suezkanal als Puffer unter seiner Herrschaft haben wollte. Den westlichen Bereich hatte das Vereinigte Königreich durch Kreditvergabe an das verschuldete Ägypten bereits unter seine Kontrolle gebracht. Ägypten hatte sich für

[64] Israelnetz 2016, o.S.

den Bau des Suezkanals (1869) französischen Kapitals bedient und war hoch verschuldet. Um die Staatsfinanzen in die Waage zu bringen, verkaufte Ägypten den staatlichen Anteil das Kanals an die Briten, die sich damit den wichtigen Seeweg der britischen Kolonie Indien nach Europa sicherten. Palästina wurde als Ost-Puffer gegen potenzielle Aggression des Osmanischen Reiches bzw. seiner Nachfolger genutzt. Der von den Briten heraufbeschworene Konflikt zwischen Zionisten und Arabern sollte militärisch eine noch größere Herausforderung werden.

1.7.1 Balfour: Der Verrat sitzt tief

Den vom Holocaust geplagten Juden und eifernden Zionisten ist im Grundsatz kein Vorwurf zu machen. Das Volk musste einen Schutzraum suchen und erhalten.[65] Nur wurden die Interessen der Palästinenser nicht angemessen gewürdigt. Sie wurden zurückgedrängt. Das hätte nicht zwangsläufig so sein müssen, denn der Staat Israel wurde erst Jahrzehnte später ausgerufen. Die Zurückdrängung fand bereits Anfang des 20. Jahrhunderts statt, als die arabischen Pächter durch systematische jüdische Besiedelung vertrieben wurden.

Viel schädlicher wirkte das Versprechen der Briten im Jahr 1915, den Arabern Palästina als Teil eines neuen unabhängigen arabischen Staates zuzugestehen. Es galt als Gegenleistung für den Widerstand gegen das Osmanische Reich. Diese Unterstützung half der Entente (Siegermächte des Ersten Weltkriegs) im Kampf gegen die Mittelmächte um Deutschland und Verbündete.[66] Bereits im November 1917 wurde dieses Versprechen gebrochen, als in dem Dokument der „Balfour-Deklaration" die britische Unterstützung zur Bildung einer jüdischen „nationalen Heimstätte" versprochen wurde. Der britische Außenminister Arthur James Balfour formulierte diese Deklaration in

[65] Palästina war aus Sicht der Zionisten fast alternativlos. Spiritus Rector Theodor Herzl selbst hatte auch Argentinien mit seinen bereits vielen jüdischen Bürgern ins Spiel gebracht, aber die räumliche Entfernung schien den Projektleitern für die vielen russischen Juden zu groß (Frank 2020, o.S.). Auch die USA wären als Schutzraum geeignet gewesen, was die starke jüdische Emigration dorthin belegt. Die jüdische Population dort ist je nach Definition größer als in Israel.

[66] Fürtig 2016, o.S.

einem Brief an Lord Walter Rothschild, einen führenden britischen Zionisten. Die vage Formulierung „nationale Heimstätte" war zu diesem Zeitpunkt noch interpretationsbedürftig. Der Brief besteht aus 67 Worten:

> „Die Regierung seiner Majestät betrachtet mit Wohlwollen die Errichtung einer nationalen Heimstätte für das jüdische Volk in Palästina und wird ihr Bestes tun, die Erreichung dieses Zieles zu erleichtern, wobei, wohlverstanden, *nichts geschehen soll, was die bürgerlichen und religiösen Rechte der bestehenden nicht-jüdischen Gemeinschaften in Palästina oder die Rechte und den politischen Status der Juden in anderen Ländern infrage stellen könnte*."[67] (Hervorgehoben vom Autor)

Die Zionisten bezogen sich nur auf den ersten Teil des Briefes und ignorierten den Passus, dass nichts geschehen solle, was Rechte und Glauben der Palästinenser beeinträchtigen könne. Aufgrund der wenig konkreten Darstellung zur Umsetzung der „nationalen Heimstätte" waren die Araber vorerst nicht alarmiert. Das änderte sich schlagartig, als das schon anderthalb Jahre vorher geschlossene Sykes-Picot-Abkommen publik wurde. Die Briten erhielten vom Völkerbund das Protektorat Palästina und scherten sich nicht um etwaige Versprechen gegenüber den Arabern. Die Juden schienen ihnen geopolitisch nützlicher. Die Briten, so wird vermutet, wollten die USA in den Krieg hineinziehen und hofften, die vielen Juden in den USA würden die Regierung zum Kriegseintritt motivieren. Im Ergebnis wurde Palästina zweimal „verkauft", um den Krieg gewinnen zu können. Das Ende ist bekannt, aber das Palästina-Problem in der aktuellen Fassung war geboren. Die Kolonialisten haben die arabischen Völker verraten und später Israel nicht an der expansiven Siedlungspolitik gehindert.

1.8 Zuzug jüdischer Bevölkerung

Der Islam war in dieser Zone unumstritten die herrschende Religion, auch wenn bereits Anfang des 20. Jahrhunderts infolge Theodor Herzls zionistischer Bewegung erste Migrationen von Juden zu Gemeinden in

[67] Dippel 2017, o.S.

Palästina führten. Tel Aviv wurde 1909 als erste jüdische Stadt in Palästina gegründet. Das Vereinigte Königreich erhielt als eine der Siegermächte des Ersten Weltkriegs auf der San-Remo-Konferenz 1920 vom UN-Vorläufer „Völkerbund" das Mandat über Palästina und damit auch über das spätere Jordanien. Die Zuwanderung der Juden führte schon in dieser Zeit zu etlichen Scharmützeln mit der arabischen Bevölkerung. Meist ging es um Landnahmen. Diese Annektion wird von einigen Historikern und Journalisten aus dem Pro-Israel-Lager als legaler Erwerb dargestellt.

> „Die Anschuldigung des Diebstahls unterminiert Israels Position auch international. Doch entspricht diese Anschuldigung der Wahrheit? Nein, das tut sie nicht. Ironischerweise repräsentiert der Aufbau Israels die friedfertigste Migration und Staatsgründung in der Geschichte. Um das zu verstehen, muss man den Zionismus in seinem Kontext betrachten. Einfach gesagt ist Eroberung die historische Normalität. Regierungen auf der ganzen Welt gründen auf Invasionen; fast alle Staaten wurden auf Kosten anderer gegründet. Niemand ist dauerhaft an der Macht, die Wurzeln aller gehen auf andere Orte zurück." (Daniel Pipes)[68]

Dem Sarkasmus folgend: Also, liebe Palästinenser, es ist völlig normal, dass die Heimat nicht von Dauer ist und Invasoren aus Europa das Land kurzerhand übernehmen. Nur die Israelis haben ein Anrecht, die Wurzeln nicht in anderen Orten als in Palästina zu suchen – trotz 2000-jähriger Abwesenheit.

Die Israelis haben sich nicht die Mühe gemacht, mit den palästinensischen Arabern zusammenzuleben. Sie wollten sie nicht, sie wollten Palästina für sich allein. Siegfried Kogelfranz hatte 1982 im *Spiegel* das Thema aufgegriffen und beschrieben, dass u.a. der griechisch-libanesische Bankier Sursuk aus Beirut diese von Zionisten erworbenen Ländereien vorher für wenig Geld vom osmanischen Staat gekauft und später mit einem Aufschlag von mehreren 1.000 Prozent an die Siedler verkauft hatte. 8.000 arabische Pächter Sursuks wurden mit Hilfe des britischen Militärs vertrieben. Das war die „legale" Landnahme, eine zynische Bezeichnung für Vertreibung. Die arabische Landbevölkerung war unwissend in Bezug auf ihre Pachtrechte

[68] Pipes 2011, o.S.

und den aus Europa stammenden Juden in jeder Hinsicht unterlegen. Sie wehrte sich nach Leibeskräften. Das britische Militär setzte in den 1920er Jahren das „Heimat-Projekt“ durch, das die Regierung durch Absprachen des britischen Außenministers Arthur James Balfour mit den zionistischen Führern um Weizmann und Rothschild selbst inszenierte. Veronica Brocca schreibt zur Vorzeit der Balfour-Zusage:

> „Zwischen 1908 und 1913 wurden 11 neue jüdische Kolonien gegründet und die Proteste gegen den Verkauf von Land an Juden wurden wieder stärker. Die – bisher friedlichen – Beziehungen zwischen Arabern und Juden sind dazu bestimmt, sich unumkehrbar zu verändern. Erstere spüren in der Tat eine Veränderung, die ihnen nicht nützen wird, und sehen die Schaffung eines jüdischen Staates, in dem die Araber nicht berücksichtigt werden.“[69]

Die Immigration von 100.000 jüdischen Menschen in den 1920er Jahren nach der Balfour-Zusage – 35.000 kamen aus Russland – veränderte das soziale Klima Palästinas erheblich. Jüdische Agenturen kauften zumeist von Arabern wie Sursuk gepachtetes Land, verpachteten es fortan jedoch nur noch an Juden. Die „legale“ Landnahme war ein asymmetrischer Akt gegen die ansässige arabische Landbevölkerung und kann eher mit der Vertreibung indigener Gruppen in Amerika verglichen werden. Die aufgeladene Situation verschärfte sich durch den Widerstand der Araber so heftig, dass die Briten in einem Weißbuch[70] von 1930 das autonome Recht der Araber bei Beschränkung jüdischer Zuwanderung formulierten. Das wiederum löste wütende Proteste der Zionisten aus.[71] Auch ein weiteres Weißbuch 1939 konnte die Zuwanderungen und die Zurückdrängung der Araber nicht verhindern.

Der Anteil der jüdischen Bevölkerung wuchs bis zum Jahr 1945 von 10 auf 30 Prozent.[72] Die Konflikte nahmen terroristische Formen an. Das traf auch die britischen Besatzer, die durch arabische Aufstände und jüdische Milizen regelrecht aus Palästina „hinausgebombt“

[69] Brocca 2022, o.S.

[70] Ein Weißbuch ist das Grundlagendokument für Sicherheits- und Verteidigungspolitik.

[71] Kogelfranz 1982, o.S.

[72] Lpb 2023, o.S.

wurden. Das Vereinigte Königreich übergab resignierend das Mandat an die UN, nachdem auch die USA kein Interesse an der Übernahme signalisierten. Die UN machte sich daran, einen Teilungsplan mit zwei autonomen Staaten Israel und Palästina zu entwerfen.

Der vom Westen präferierte und entwickelte UN-Teilungsplan sah allerdings für den arabischen Staat nur rund 43 Prozent der Gesamtfläche des britischen Mandatsgebiets vor, während für den jüdischen Staat ein Anteil von rund 56 Prozent der Fläche vorgesehen war. Das widersprach erstens den Einwohnerverhältnissen und zweitens der Geschichte des Landes. Die arabischen Staaten lehnten den Plan ab. Die seinerzeit noch relativ kleine UN mit 53 Mitgliedern bestand noch nicht aus den vielen Staaten des Globalen Südens. Die Erosion des Kolonialismus wurde erst in den 1960er Jahren evident. Die UN entschied sich trotz der arabischen Ablehnung für diesen unausgewogenen Plan. Kurioserweise enthielt sich das Vereinigte Königreich der Stimme. Die USA distanzierten sich aufgrund der massiven kriegerischen Auseinandersetzungen zwischendurch vom Teilungsplan. Letztlich stimmten sie aber wieder zu, um überhaupt einer Lösung näherzukommen.[73]

Die arabischen Staaten fühlten sich vom Vereinigten Königreich verraten, denn dieses hatte ihnen ursprünglich das Land Palästina in Gänze versprochen. Als die letzten britischen Truppen das Land verließen, rief am selben Tag David Ben-Gurion als Vertreter des jüdischen Nationalrates einseitig und ohne UN-Mandat den Staat Israel aus. Damit wurde der erste Krieg der arabischen Staaten gegen Israel ausgelöst, denn die arabischen Staaten hatten einen Angriff für den Fall einer Staatsgründung Israels auf palästinensischem Boden angekündigt. Für die Araber endete dieser Krieg mit der Nakba (Katastrophe).

Der UN-Teilungsplan wurde nicht mit einem geraden Strich gezogen. Auch eine Aufteilung nach fruchtbarem und unfruchtbarem Land fand nicht statt.[74] Der Plan orientierte sich an bestehenden Siedlungsverhältnissen. Die Ungleichheit entstand durch die Aufteilung analog zu US-amerikanischen Wahlkreisen im Mehrheitswahlrecht, wo die

[73] Timm 2008, o.S.

[74] Israel erhielt fast zwei Drittel der Fläche mit einem großen Anteil Wüste (Negev), aber auch einigen der fruchtbarsten und entwickeltsten Regionen (Choufatinski 2024, o.S.).

Minderheiten leer ausgehen. Regionen mit jüdischer Mehrheit, aber auch großer palästinensischer Araberbevölkerung, wurden genauso gewichtet wie Regionen, in denen nur Palästinenser lebten. Die gesellschaftlichen Mehrheitsverhältnisse wurden im Teilungsplan nach Ansicht der arabisch-palästinensischen Bevölkerung nicht repräsentiert und daher abgelehnt. In der Nacht vom 14. auf den 15. Mai 1948, einen Tag nach der Ausrufung des Staates Israel durch Ben Gurion, mobilisierten die arabischen Staaten Ägypten, Transjordanien, Syrien, Irak und Libanon ihre Armeen, um den Vorgang rückgängig zu machen.[75]

Nicht zuletzt dank umfangreicher Waffenlieferungen aus der Tschechoslowakei – die sich im Gegensatz zu allen anderen Staaten nicht an das Waffenembargo hielt – sowie finanzieller Unterstützung aus den USA und anderen Ländern endete der erste Nahostkrieg im Januar 1949 mit dem militärischen Sieg Israels. Die jüdische Bevölkerung hatte sich schon Jahre vorher sukzessive über Europa und die USA bewaffnet, denn ein Angriff der arabischen Staaten wurde erwartet. Diese Staaten waren wiederum unvorbereitet, schlecht organisiert und waffentechnisch mangelhaft ausgerüstet.

Unter Vermittlung der Vereinten Nationen kamen Waffenstillstandsverträge mit Ägypten (24. Februar 1949), Libanon (23. März 1949), Transjordanien (3. April 1949) und Syrien (20. Juli 1949) zustande. Es folgten in den nächsten Jahrzehnten weitere Kriege mit ähnlichem Ausgang. Die technische Überlegenheit Israels mit westlichem Gerät und Know-how war ausschlaggebend.

1.9 Suez-Krise: Die ultimative Übernahme der USA

Der letzte Anschein, dass das Vereinigte Königreich eine Weltmacht sei, zerplatzte in der Suez-Krise 1956. Der Suez-Kanal wurde vom ägyptischen Präsidenten Gamal Abdel Nasser verstaatlicht und damit der Kontrolle des Vereinigten Königreichs und Frankreich entzogen. Diese führten daraufhin einen Krieg gegen Ägypten unter dem Vorwand, Israel beizustehen. Der Vorgang war so offensichtlich wie schändlich, dass sich die UN inkl. der USA und der UdSSR gegen das

[75] Timm 2008, o.S.

Abbildung 4: Das doppelte Spiel der Briten

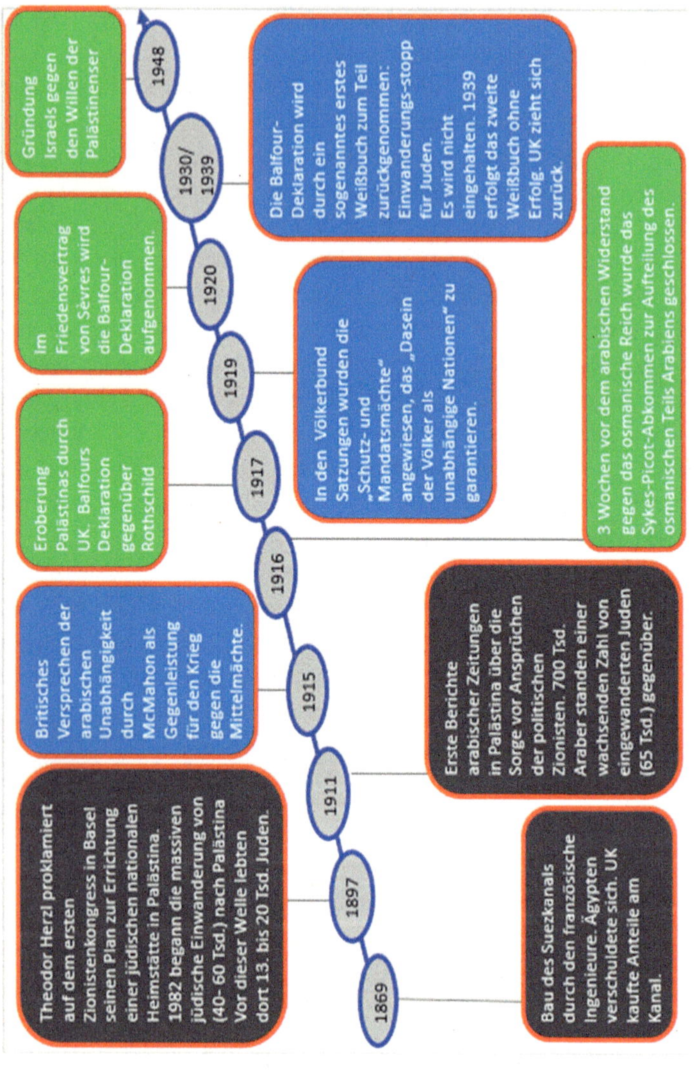

Vereinigte Königreich und Frankreich positionierten. Insbesondere die USA waren empört über den britischen Alleingang. US-Präsident Eisenhower drohte den Briten, die in jener Zeit durch die Verluste zweier Weltkriege und Widerstände in den Kolonien mit schwindenden Währungsreserven zu kämpfen hatten, mit dem Verkauf von Reserven an Pfund Sterling, was die Währung stark abgewertet hätte. Die Schulden in US-Dollar wären explodiert und hätten das Vereinigte Königreich in die Zahlungsunfähigkeit getrieben.[76] Den Briten wurde der eigene Umgang mit Kolonien und konkurrierenden Staaten vorgeführt, nur mit einem Rollentausch. Das angeschlagene Imperium musste dem finanziellen Druck des neuen Hegemonen nachgeben. Eine heftige Ernüchterung des britischen „Finanzadels" und seiner Militärmacht.

Das Vereinigte Königreich und Frankreich zogen sich daraufhin gedemütigt zurück. Das war auch für die britische Öffentlichkeit das Ende des Empires. Es blieb nur noch Nostalgie. Die Briten wurden zum Juniorpartner der USA, die zur Schutzmacht und zum Financier Israels avancierten. Seitdem werden die Verhandlungen über Krieg und Frieden in Palästina über das Weiße Haus geführt.

1.10 Friedensverhandlungen vs. Terrorismus

Palästina ist durch die Auseinandersetzung mit den britischen Kolonialisten[77] und US-amerikanischen Imperialisten zum Symbol für den Kampf des Globalen Südens gegen den Westen stilisiert worden.

Der Westen und wohl auch die Privilegierten des Nahen Ostens hofften auf ein Verblassen des Konflikts. Theoretisch hätte ein sukzessiver Exodus nach Jordanien und Ägypten die Lage entspannen können. Aber diese Reißbrett-Überlegungen, die auch aktuell diskutiert werden, sind realitätsfern.

Die teilweise an westlichen Universitäten ausgebildeten Nahost-Eliten verspüren keinen großen Drang, kriegerische Auseinandersetzungen zu führen. Die Region lebt gut von Öl- und Gasförderungen, die im Westen für den Fortbestand der Industrie und den wachsenden

[76] IMF 2001, o.S.
[77] Bis zur Gründung Israels.

Wohlstand sorgten. Der Nutzen aus diesem Geschäft ist größer als die Wiederherstellung der palästinensisch-arabischen Ehre gegen ein wehrhaftes Israel, das sich militärisch durchsetzen konnte. Und Israels Anrainerstaaten haben schlechte Erfahrungen mit palästinensischen Flüchtlingen gemacht. Mit ihnen kam „heiliger“ Widerstand, der sich in Terror und Attentaten ausdrückte.

Noch während der vereinbarten 5-Jahres-Frist begann die erste Regierungsperiode des Hardliners Benjamin Netanjahu (1996-1999).

Vor, während und nach den zermürbenden Oslo-Verhandlungen verschob Israel die Grenzen durch Siedlungsexpansion zuungunsten der Palästinenser, die zunehmend mit einzelnen Terroraktionen reagierten. Die Perspektivlosigkeit friedlicher Bemühungen wurde durch die letzte Wahl (Sieg der Hamas) im Jahr 2006 dokumentiert.[78] Auf der einen Seite radikalisierte sich die Regierung Israels in Richtung rechte Siedlungspolitik und die Hamas war das Pendant auf der anderen Seite. Der gordische Knoten scheint bis heute unlösbar.

Es ist auch nicht so, dass der Terror nur einseitig bei den unterlegenen Palästinensern zu finden wäre. Der radikale Siedler Itamar Ben-Gvir, Knesset-Mitglied und aktuell Sicherheitsminister, unterstützt naturgemäß den Siedlungsbau und wünscht sich eigentlich ein Großisrael ohne die Palästinenser. Ein anderer Knesseth-Kollege (Bezalel Smotrich), der inzwischen Finanzminister ist, sagte bei einer Pressekonferenz im Frühjahr 2023 nach einem Pogrom im palästinensischen Huwara wörtlich, die Stadt sollte „ausgelöscht“ werden.[79] Ben-Gvir hat im Januar 2024 zur Entvölkerung des Gazastreifens aufgerufen und Smotrich wünscht sich eine Reduzierung der palästinensischen Bewohner auf 100-200.000 anstatt der 2 Millionen. Der Krieg solle die Migration der Zivilbevölkerung in die Nachbarstaaten fördern, um die Ansiedelung der Israelis zu beschleunigen. Die Netanjahu-Regierung verhandelt laut Aussagen hoher Beamter mit arabischen Staaten über die Aufnahme der potenziellen Migranten und lotet die Kapazitäten aus. Eine weitere Taktik ohne israelische Ansiedlung ist die nachhaltige Zerstörung der Wohn- und Lebensverhältnisse. So oder so ist jeder humanitäre Ansatz verloren gegangen und die Evakuierung wird

[78] Hamas und Fatah sind seit 2006 verfeindet. Seit 2007 kontrolliert die Hamas den Gazastreifen.

[79] Berlin 2023, o.S.

bereits als humanitärer Akt ausgegeben, denn die Migranten könnten dort wieder versorgt werden. Letztlich ist das die Fortsetzung der aggressiven Siedlungspolitik.[80] Mit den neueren Plänen für die Zeit nach dem Gaza-Krieg wird das aufgestaute Gefühl von Demütigung, Ohnmacht und Ungerechtigkeit bei den Palästinensern nicht versiegen, sondern gesteigert werden. Die Spaltung der Welt in Nord und Süd, in West-Werte und Muslime, wird noch tiefer. Die Extremisten auf beiden Seiten haben sich durchgesetzt und die „Welt" hat zugesehen, wie den Palästinensern immer mehr die Perspektiven geraubt wurden.[81] Jetzt wird aus dieser Ignoranz heraus wieder nach einer Zwei-Staaten-Lösung besonders laut von denen gerufen, die jahrzehntelang nichts für die Befriedung getan haben und bei jeder Kritik an Israel gleich Antisemitismus unterstellen. Die Hamas hat freilich dabei geholfen, ist aber auch das Produkt dieser Entwicklung.

Hamas und radikale israelische Rechte sind nicht weit voneinander entfernt, beiden ist der Fanatismus eigen. Die internationalen Organisationen und die arabischen Staaten mit Einflusspotenzial sind Teil dieser jüdisch-palästinensischen Tragödie mit ihren Gräueltaten auf beiden Seiten. Konflikte lösen sich nicht von selbst auf, sondern durch Friedensprozesse, selbst dann, wenn ein Krieg vorausgegangen ist. Dazu bedarf es unbedingt einer Bewertung der Geschehnisse und Entwicklungen. Leider verpufften die hoffnungsvollen Friedensansätze.

Die besondere Tragik für die Palästinenser und die arabischen Staaten besteht in der vergebenen Chance, das zugegebenermaßen nicht gerechte Teilungsangebot von 1947/48 nicht angenommen zu haben. Die Palästinenser sind retrospektivisch das Volk der verpassten Chance.[82]

Der deutsch-jüdische Autor Hans Lebrecht hat auf diese beiden Aspekte aufmerksam gemacht. Aufgrund der prozentualen Verteilung der Fläche hätte die Teilung anders aussehen müssen, denn die jüdische Bevölkerung hatte 1946 trotz organisierten Zuzugs nur 7,6 Prozent der Fläche besessen oder bebaut. Lebrecht nannte es eine „territoriale Benachteiligung". Aber er hob einen positiven Aspekt hervor, der die Tragik der arabischen Verweigerung beschreibt: Die internationale

[80] Goldberg 2024, o.S.
[81] ElBaradei 2024, o.S.
[82] Burri 2023, o.S.

Anerkennung und das Selbstbestimmungsrecht beider Völker Palästinas war im Teilungsplan festgeschrieben. Das Paket war deutlich mehr als die aktuelle Verhandlungsmasse zwischen Israel und den Palästinensern.[83]

Für die Juden Israels bleibt festzuhalten, dass die Versöhnung mit den Palästinensern rund um die Oslo-Verhandlungen mehr torpediert als gefördert wurde. Ohne die Einsicht in dieses Versagen wird eine Befriedung auch außerhalb der Hamas-Aktivitäten zum Scheitern verurteilt sein. Israel muss einen deutlichen Schritt zurückgehen.

Das aktuelle Problem besteht nicht nur aus territorialen Konflikten und religiösen Differenzen wie etwa die Dauerscharmützel zwischen Aserbeidschan und Armenien. Vielmehr entwickelte sich im Nahen Osten fast gleichzeitig mit der Neuaufteilung des Osmanischen Reiches ein neues Interesse am Nahen Osten: Fossile Brennstoffe.

[83] Lebrecht 1982, S. 191.

2. Mehr Verwicklungen durch Ölquellen

Lange nach Rockefellers Gründung der Standard Oil Company (1870) wurden 1908 im heutigen Iran (Südwestpersien) die ersten Erdölvorkommen im Nahen Osten entdeckt. Auch Russland hatte im kaspischen Meer fossile Ressourcen entdeckt und durch die schwedischen Brüder Robert und Ludwig Nobel mehr Öl gefördert, als verbraucht werden konnte. Die Brüder des Nobelpreis-Namensgebers Alfred Nobel entwickelten nicht nur Pipelines, sondern auch das zukunftsträchtige Tankschiff. Damit war die Logistik für den internationalen Wettlauf um die Ölkontrolle bereitgestellt.[84] Die Entdeckung riesiger Erdölfelder auf der Arabischen Halbinsel und im Persischen Golf vor Beginn des Zweiten Weltkriegs wertete diese Region mit dem nun ertragreichsten Vorkommen des wichtigsten Treibstoffs für industrielle Entwicklung und Fertigung enorm auf.

Mitten im arabischen Raum befinden sich Palästina und Israel im territorialen Grenzbereich zwischen Afrika und Vorderem Orient. Der Nahe Osten hat längst nicht mehr nur Wüste, Flüsse und attraktive Küsten für Touristen zu bieten. Geologisch zählt die arabische Halbinsel zu Afrika, geografisch zu Asien. Saudi-Arabien ist seit 1932 souverän, und 1961 löste sich Kuwait von den Briten. 10 Jahre später folgte mit der Unabhängigkeitserklärung der Vereinigten Arabischen Emirate das Ende der europäischen Kolonialisierung im Nahen Osten. Das Vereinigte Königreich und Frankreich mussten den Weltkriegen Tribut zollen. Sie konnten die Kolonien mit den antikolonialen Widerständen[85] und internen Aufständen nicht mehr finanzieren. Der Lagevorteil inmitten großer Ölfelder reichte nicht mehr für die internatio-

[84] Paeger 2019, o.S.

[85] Das Vereinigte Königreich und Frankreich sind aus den Kolonien nicht etwa ausgestiegen, weil nichts zu holen war, sondern weil die Widerstände der Bevölkerungen zunahmen. Eine militärische Präsenz war aufgrund der zehrenden Weltkriege nicht mehr zu finanzieren. Im Gegenteil, die Verschuldungen gegenüber den USA mussten in die Staatsbudgets einfließen.

nalen Besitzanstrengungen: Die Kontrollkosten überstiegen die Profite. Die USA als neuer Hegemon schufen eine neue Form der Abhängigkeit durch Schutzversprechungen. Ihnen genügte das Strippenziehen in den ölreichen Staaten des Nahen Ostens. Flankiert wurden diese Beziehungen durch Israel als Brückenkopf, Militärbasen und Flugzeugträger. Eine kostenträchtige Dauerpräsens von Heeren war nicht vorgesehen. Bis zum Eintreten in diese Region bezogen die USA das Erdöl vorwiegend aus Venezuela. Die eigene Ölindustrie war noch weit vom aktuellen Potenzial entfernt.

Es ist keine Überraschung, dass nach dem Zweiten Weltkrieg der Nahe Osten unter den Öl-Multis aufgeteilt wurde. Sie verfügten über die Technologie, das Kapital und die Logistik. Ihren globalen Einflüssen entsprechend dominierten anfangs britische und nach dem Zweiten Weltkrieg US-amerikanische Unternehmen. Auch andere europäische Konzerne aus den Niederlanden, Frankreich und Italien mischten mit. Der Zugriff der US-Unternehmen auf Saudi-Arabien und Kuwait hielt lange an. Bezüglich des Iran entwickelte sich ein anderes politisches Spiel, das inzwischen teilweise von Saudi-Arabien übernommen wird. Bei Saudi-Arabien erfolgt eine leise Loslösung von der einstigen Schutzmacht USA. In 2024 wird es BRICS-Plus-Mitglied und agiert damit enger an der Seite Chinas und Russlands. Saudi-Arabien wurde schon 1945 vom US-amerikanischen Außenministerium als ungeheure Quelle strategischer Macht und „einer der größten Preise, den die Weltgeschichte zu vergeben hat“, ausgemacht.[86] Mit Schutzabkommen und Militärhilfen auch gegen den „schwachen“ Jemen versuchten die USA, Saudi-Arabien an sich zu binden.[87] Durch die eigene Ölversorgung qua Fracking ist die Abhängigkeit der USA von Öllieferungen seit 2014/2015 nicht mehr existenziell. Saudi-Arabien musste zusehen, wie der Öl-Boom in den USA durch das Fracking die Preise verfallen ließen. Das hat einen bleibenden Eindruck hinterlassen und gezeigt, dass die USA nicht der solide Partner sind, der sie laut ihrer eigenen Propaganda zu sein vorgeben.

Palästina spielt in diesem Gerangel um lukrative Energiequellen und Einflusssphären eine unbedeutende Rolle. Viele Araber leiden

[86] Chomsky 2021, S. 29.
[87] Hahn 2019, o.S.

unter postkolonialer Kränkung.[88] Israels Anrainerstaaten Syrien und Libanon sind extrem geschwächt. Die libanesische Hisbollah und die diversen von der Hamas und dem Iran gestützten Milizen in Syrien sind ein wesentlicher Instabilitätsfaktor im Nahen Osten. Im Jemen sind es die Huthi-Rebellen, die mit iranischer Hilfe den Golf von Aden und damit den Suez-Kanal militärisch flankieren.[89] Insgesamt sind das alles keine funktionierenden kohärenten Staaten. Ägypten ist dagegen ökonomisch und politisch stabil, was auch für Jordanien gilt. Beide Staaten haben Friedensabkommen mit Israel geschlossen und das, obwohl in Jordanien die Bevölkerung zu rund 50 Prozent aus palästinensischen Migranten der letzten Generationen besteht.[90] Das ist ein latentes Pulverfass, denn auch die Hamas befindet sich in nicht unbedeutender Größe im östlichen Nachbarstaat, der als Rückzugsgebiet genutzt wird.

Alle Staaten mit arabischem Hintergrund aus Nordafrika und dem Vorderen Orient haben sich trotz erheblicher Differenzen in der Koran-Exegese zur Arabischen Liga formiert. Es ist eine Allianz gegen den Westen und seine Öl-Multis. Dennoch sind die USA mit einigen Staaten dieser Liga unterschiedlich ökonomisch und militärisch verbunden. Von ihren 800 internationalen Militärbasen, die dem US-Steuerzahler jährlich Abgaben von über 150 Milliarden US-Dollar abverlangen, sind etliche in der Nahost-Region. Russland verfügt über zwei Basen in Syrien, während China bislang nur in Dschibuti vertreten ist.[91] Frankreich und das Vereinigte Königreich unterhalten je 20 Basen im Ausland, davon einige im Nahen Osten wie den VAE und Katar.

Der Iran unterhält ausländische Milizen und auch eigene Truppen im Nahen Osten. Die Hisbollah und Huthi-Rebellen sind die bekanntesten Milizen, aber nur ein Teil der Iran-Aktivitäten. Das Land ist nicht arabisch, aber muslimisch und erhebt eigene Machtansprüche im

[88] Die Unterwerfung unter die osmanische Herrschaft hatte einen anderen Charakter, denn die Kränkung des 20. und 21. Jahrhunderts liegt in der Erkenntnis, dass Nationen jenseits des Islams Völker mit islamischen Wurzeln beherrsch(t)en und ausbeuten.

[89] Der Beschuss von Tankern westlicher Nationen in der Zeit ab dem Hamas-Attentat zwang viele Reedereien zur teuren Umgehung des Suezkanals mit erheblichen Auswirkungen auf die Ölpreise.

[90] Löw 2023, o.S.; Bilanceri 2023, o.S.

[91] Braun 2022, o.S.

Nahen Osten. Das ist einerseits auf die historische Größe Persiens und andererseits auf den Ressourcenreichtum des Iran zurückzuführen.

Abbildung 5: Arabische Liga

Quelle: picture-alliance/dpa 2023

2.1 Iran und Palästina: Demütigung durch den Westen

Die Anrainerstaaten bieten für den Iran als Konterpart zu Israel eine Pufferzone gegen dessen militärische Stärke. Zudem stellt der Iran Israel durch die Unterstützung der Hisbollah und der Hamas unter Dauerstress. Die Hamas-Terroraktion im Oktober 2023 markiert dabei einen vorläufigen Höhepunkt. Allerdings wird Israel terrorisiert ohne direkte, offensichtliche Teilnahme des Iran. Palästina ist für den Iran lediglich ein Bauernopfer in seiner antisemitischen Obsession, die auf arabisch-muslimischer „Ehre und Solidarität" basiert. Die VAE haben mit den „Abraham-Records"[92] Frieden mit Israel geschlossen und

[92] Diese Vereinbarung unterstützt die „Vision von Frieden, Sicherheit und Wohlstand im Nahen Osten und auf der ganzen Welt" und ist unterschrieben von Israel und jeweils Bahrein, Marokko, VAE und Sudan (https://www.state.gov/the-abraham-accords/, 27.11.2023).

Saudi-Arabien war auf dem Weg dahin. Die Hamas-Aktion fand also zu einem Zeitpunkt der Annäherungen statt und es lässt sich nur ein Staat identifizieren, der sich in einem permanenten aktiven Konflikt mit Israel befindet und daran festhält: der Iran. Worauf gründet diese abgrundtiefe Aversion des Iran?

2.2 Der Iran ist ein Schlüssel der Befriedung

Der Iran war 1948 der erste Staat im Nahen Osten, der Israel als Staat diplomatisch anerkannte. Das wirkt ausgesprochen widersinnig, denn heute propagiert der Mullah-Staat unablässig die Staatsdoktrin von der Vernichtung Israels. Der Iran von 1948 wurde von Eliten geführt, die vom Westen protegiert wurden. Der Reihe nach: Nach dem Ölfund im Persischen Golf durch den Briten George Bernard Reynolds klingelten die Kassen in London besonders laut, denn nun zahlte sich ein bis dahin unbedeutendes Konzessionspapier aus, das 1901 zwischen dem britischen Investor William Knox D'Arcy und dem Herrscher von Teheran Schah Mozaffar ad-Din vereinbart worden war. Im Jahr 1909 entstand die britische Anglo-Persian Oil Company (AIOC, später BP), an der die Briten sich 51 Prozent der Anteile sicherten. Diese D'Arcys-Konzession gilt unter Historikern als eines der wichtigsten Dokumente des 20. Jahrhunderts mit Erklärungspotenzial für die aktuelle Lage im Nahen Osten.[93]

Mit dem Ölfund führte die im guten Willen gegebene Unterschrift des Schahs zur Demütigung eines Volkes, dessen Ressourcenreichtum nun einen britischen Konzern reich machte. Der Kontrakt sicherte den Briten 84 Prozent der Öleinnahmen für eine Laufzeit von 60 Jahren.[94] Eva Lehnen beschreibt die Folgen des Kontrakts wie folgt:

> „Er vertieft jenes Zerwürfnis zwischen dem Westen und der islamischen Welt, dessen Folgen bis heute wirken. Der persische Nationalismus, diese besondere Mischung aus Hybris und Verletzlichkeit, die in der Revolution des Ajatollah Khomeini gipfelt und im Atomstreit unserer Tage erneut sichtbar wird – er ist nicht zu verstehen ohne D'Arcys Konzession."

[93] Lehnen 2019, o.S.
[94] Pötzel 2010, o.S.

Der Vertrag wurde im Jahr 1932 vom Schah gekündigt und ein neuer Vertrag mit verbesserten Bedingungen durchgesetzt. Die Laufzeit wurde von den ursprünglichen 60 Jahren nochmals um weitere 32 Jahre auf 1993 verlängert. Der Vertrag war noch immer stark asymmetrisch. Das Öl wurde für die westliche Militärindustrie und später für die Automobilität immer wichtiger. Militärisch konnten sich Persien/Iran nicht gegen das Vereinigte Königreich behaupten. Die Lage änderte sich mit dem Ende des Zweiten Weltkriegs. Das Vereinigte Königreich musste mit erheblichen Kriegsschäden umgehen und verlor immer mehr die Kontrolle über die Kolonien. Der völkerrechtlich eigenständige Iran wurde selbstbewusster und der demokratisch gewählte Premier Mohammed Mossadegh verstaatlichte 1951 die AIOC ohne Entschädigung. Der britische Versuch, den Internationalen Gerichtshof einzuschalten, scheiterte, da es sich nicht um einen Konflikt zwischen Staaten, sondern zwischen einem Staat und einem Konzern handelte. Die USA vermittelten in dem Konflikt, der im Vereinigten Königreich öffentlich diskutierte Putsch-Fantasien gegen Mossadegh aufkommen ließ. Das schien die Beziehungen zwischen dem Iran und den USA zu verbessern, hielt aber nicht lange vor.

Der Regierungsübergang in den USA vom Demokraten Truman auf den Republikaner Dwight D. Eisenhower änderte die Haltung der USA, die nun auch den Umsturz im Iran befürworteten. Mit allerlei Finten – Mossadegh wurde als „Kommunist“ hingestellt – wurden die iranischen Mullahs und deren Anhänger für das Vorhaben gewonnen. Im Jahr 1953 gelang ein zweiter Putschversuch und der Westen hatte das iranische Öl wieder unter Kontrolle. Schah Mohammad Reza Pahlavi, der während der Putsch-Szenarien außer Landes gebracht wurde, diente danach als Statthalter des Westens unter Einsatz des bekannten Geheimdienstes Savak. Die CIA hatte diesen Putsch gemeinsam mit dem britischen MI6 unter dem Namen „Operation Ajax“ geleitet. Dazu zählte auch eine milliardenschwere Verleumdungskampagne gegen den gewählten Premier Mossadegh. Seit Bekanntwerden dieser Operation stehen die USA an der Spitze der iranischen Feindschaftsliste. Ein internationales Konsortium hatte 1954 die AIOC übernommen: British Patrol erhielt ebenso 40 Prozent Anteile wie die 5 Öl-US-Konzerne. Der Rest ging an Royal Dutch Shell und die Compagnie Française de

Pétroles.[95] Mit der Unterstützung von 3.000 US-Militärberatern wurde der Iran zur bedeutendsten Militärmacht im Nahen Osten ausgebaut. Die Militär-Infrastruktur wird inzwischen von den Mullahs sehr effektiv genutzt.

Der Einfluss der Mullahs wurde seit der Machtübernahme mittels Milizen und Terror-Finanzierung auf Syrien, Irak, Libanon und Gaza ausgedehnt. Die USA werden von den Klerikern als „großer Satan“ dargestellt. Das von den USA geschützte und unterstützte Israel gilt als „kleiner Satan“, der inbrünstig bekämpft werden muss. Der „kleine Satan“ scheint in den Augen der iranischen Kleriker besiegbar. Als hilfreich für den Zeitpunkt des lang geplanten Hamas-Attentats könnte der Umstand einer im Ukraine-Krieg involvierten USA, die zudem im Nahen Osten an Unterstützung verliert und den Fokus auf Taiwan und das Südchinesische Meer gerichtet hat, beurteilt worden sein.

2.3 *Eingeständnis der USA*

Nach der Vertreibung des Schahs durch die Mullah-Revolution im Jahr 1979 konnte sich der Anti-Amerikanismus vollends entfalten. Die Rolle der USA beim Putsch 1953 veränderte das einst bessere Verhältnis zur USA unter Truman grundlegend. Auch die demokratische Außenministerin Madelaine K. Albright konnte mit ihrem Eingeständnis aus dem Jahr 2000, dass die USA den Putsch aus 1953 zu verantworten hätten und auch die Unterstützung des Irak gegen den Iran nicht rechtmäßig war, nicht viel ändern.[96] So ist es bis heute: Der Iran wird mal mehr und mal weniger sanktioniert, was dem Land schadet, aber politisch wenig ändert. Es hat die Fronten eher verhärtet und dem Iran den Weg zu BRICS-Plus geebnet.

Dabei geht es seit vielen Jahren um den Atomwaffensperrvertrag, der von den verfeindeten Siegermächten des Zweiten Weltkriegs völkerrechtlich völlig bizarr interpretiert wird. Der vom Putsch profitierende Schah, der danach die US-Interessen im Iran wahrnahm, hatte den Vertrag unterschrieben. Die Mullahs wollen sich jedoch nicht daran halten und verweisen auf das nukleare Potenzial Israels, das den

[95] Pötzel 2010, o.S.
[96] Shenon 2000, o.S.

Atomwaffensperrvertrag nicht unterschrieben hat und bis heute den Besitz nuklearer Waffen leugnet.[97] Die aktuelle Situation ist nicht nur ein Ergebnis der kolonialistischen Aktivitäten rund um die Weltkriege, sondern auch Folge des CIA-Putsches von 1953. Ohne diese Intervention hätte die Mullah-Revolution nicht diesen Nährboden gefunden. So aber fanden der Anti-Amerikanismus und die Verurteilung des säkularen Schahs Eingang in den iranisch-schiitischen Islamismus.

Das war nicht immer so. Israel suchte in der Gründungszeit Kontakte in der nicht-arabischen islamischen Welt, um die Solidarität mit den Palästinensern einzudämmern. Dazu zählten der Iran, die Türkei, Äthiopien, die maronitischen Christen im Libanon und die Kurden im Irak. Nur 2 Jahre vor der Mullah-Revolution arbeiteten Israel und der Iran mit dem „Projekt Blume“ an einem gemeinsamen Atomwaffenprogramm.[98]

2.4 Bis 1979: Keine Probleme zwischen Israel und Iran

Mit der Vertreibung von Schah Reza Pahlavi und dem Bruch mit den USA rückte Israel in den Fokus iranischer Außenpolitik. Israel gilt im Iran seither als Erzfeind und Vasall der USA. Israel wiederum versucht alles, um die Entwicklung von Atomwaffen im Iran zu verhindern. Die Aktivitäten werden auf Geheimdienstniveau durchgeführt und es spricht einiges für erfolgreiche Operationen Israels in der Zerstörung von etwaigen Herstellungszentren. Dazu zählt auch die potenzielle Tötung von iranischen Wissenschaftlern.[99]

Mit 130.000 an die Hisbollah gelieferten Raketen bedroht der Iran indirekt Israel. Viele Raketen, andere Waffen und jährlich über 100 Millionen US-Dollar fließen an die Hamas. 16 Milliarden US-Dollar wurden zur Unterstützung Syriens und seiner Verbündeten zwischen 2012 und 2020 aufgewendet.[100] Die iranische Zivilgesellschaft hat diesen Umstand der finanziellen Ausblutung zur Finanzierung von Kriegen – insbesondere gegen Israel – bereits heftig kritisiert. Der gesellschaft-

[97] Hinsberger 2023, o.S.
[98] Leder 2023, o.S.
[99] Hammer 2020, o.S.
[100] Barlingay 2023, o.S.

liche Zusammenhalt ist mehr als fragil. Nur mit repressiver Gewalt werden Protestbewegungen noch niedergehalten. In diesem Protest liegt eine, wenn auch nicht unmittelbare, Chance. Allerdings müsste dann auch noch die klerikale „Republik" einstürzen.

2.5 Die Perspektive hängt an vielen Parametern

Die Gesamtsituation zeigt das Gefühl der Demütigung bei Palästinensern und Iranern. In beiden Völkern konnten sich radikale Islamisten durchsetzen. Mit dem Iran ist ein Staat entstanden, der aufgrund seiner fossilen Ressourcen und der geopolitischen Verbindungen zu Russland und China zu einem globalen Player aufgestiegen ist. Die Angliederung an die BRICS ab 2024 verhärtet diese Position zusätzlich. Der Dauerkonflikt mit Israel muss im Kontext des Atomwaffensperrvertrags und der veränderten geopolitischen Verhältnisse gelesen werden. Palästina dient dem Iran als Symbol für den verhassten Westen. Das muss nicht so bleiben, denn die Mullahs sind durchaus pragmatisch, wenn es um die eigene Macht geht. So wurden Waffen vom „kleinen Satan" gekauft, als es gegen den sunnitisch geführten Irak ging. Israel lieferte an den Erzfeind und die USA füllten das Arsenal Israels wieder auf.[101]

Der Palästina-Konflikt ist ohne den Kolonialismus nicht zu erklären. Die taktischen Manöver zur Gewinnung der Araber gegen die Mittelmächte und die Instrumentalisierung der Zionisten, um die USA zum Eintritt in den Krieg an der Seite des Vereinigten Königreichs und Frankreichs zu bewegen, haben die Palästinenser und Juden gegeneinander aufgebracht. Die strategisch interessante Lage am Suezkanal mit der Möglichkeit, die Handelsschifffahrt zwischen Indien und Europa zu sichern, war ein weiteres Argument für das Interesse an dem Land. Das Protektoratszepter wurde an die UN und die USA weitergereicht, als die Kosten für die Befriedung Palästinas zu groß wurden. Der Ölreichtum der arabischen Halbinsel und des Persischen Golfs hat die Interessenslage dahingehend verändert, dass nicht mehr die Araber als Menschen/Soldaten im Mittelpunkt stehen, sondern die Ressourcen an Öl und Gas. Dieser Reichtum wurde unter den alten

[101] Schaf 1987, o.S.

Kolonialisten und den US-Konzernen aufgeteilt und die USA übernahmen mehr und mehr das Kommando im Nahen Osten. Palästina spielt in diesem Plot der internationalen Ölkonzerne und ihrer Staaten keine Rolle mehr, es ist nur noch „lästig“.

Der Konflikt ist geblieben und mit der Islamisierung der Araber im 20. Jahrhundert durch die Gründung der islamistischen Muslimbruderschaft[102] im Jahr 1928 wurde aus dem Widerstand der Palästinenser nicht nur die abgrundtiefe Ablehnung der zionistischen Invasion, sondern auch ein religiöser Überbau gegen den Westen geschaffen. Der Westen hatte die Araber in mehrfacher Hinsicht gedemütigt und die Schaffung des jüdischen Staates betrieben. Auf dieser Grundlage konnte der Islamismus auch unter den Palästinensern aufblühen und eine Allianz mit dem west-feindlichen Iran eingehen. In der arabischen Welt und auch in Palästina sind trotz alledem viele Intellektuelle aktiv, die der Idee von Aufklärung und Demokratie aufgeschlossen gegenüberstehen. Nur wenn diese Kräfte gestärkt werden, auch in Israel, ist eine Überwindung des Konflikts möglich. Der erste Schritt ist sicherlich Deeskalation, der zweite die Zurückdrängung der Extremisten auf beiden Seiten. Der dritte Schritt könnte eine internationale Verwaltung eines entmilitarisierten Palästinas sein, während Israel eine totale militärische Abstinenz in der Grenzregion zusagen müsste. Der Rückzug hinter die Grenzen von vor 1967 muss sukzessive erfolgen, um der Hamas die ideologische Grundlage zu nehmen. Die Hamas ist in erster Linie nicht Intifada, sondern Ideologie.

Um die arabisch-palästinensische Seele zu verstehen, müssen die historischen Fakten einbezogen werden. Da reicht die Verurteilung der Hamas nicht aus. Die Leiden der Palästinenser mit den Leiden der Juden gegenzurechnen wird den Konflikt nur verlängern. Die Juden sind nach 2.000 Jahren Abwesenheit nach Palästina zurückgekommen. In dieser Zeit sind 70 Generationen Palästinenser in ihrem Land geblieben und dann durch Juden vertrieben worden. Ca. 900.000 arabische Juden sind seit 1947 aus arabischen Staaten und dem Iran geflohen, weil sie islamistisch diskriminiert und bedroht wurden.

Es wird unter Islamwissenschaftlern heftig gestritten, ob der Zionismus eine Reaktion auf den islamischen Antisemitismus ist oder umgekehrt. Der westliche Kolonialismus hat zumindest einen hohen

[102] Neumann 2015, o.S.

Anteil an dieser Entwicklung. Aus heutiger Sicht ist das nicht entscheidend. Der politische Zionismus muss ebenso überwunden werden wie Antisemitismus und letztlich auch Islamfeindlichkeit. Wo fangen wir an? Indem wir Zivilisten im Namen des Zionismus töten? Indem wir alle terrorisieren, die nicht in die Moschee gehen? Das ist Mittelalter und Altes Testament zusammen. Die Christen hatten es vorgemacht, aber das sollte auch „finsteres" Mittelalter bleiben. Hier treffen sehr unterschiedliche historische Etappen aufeinander. Der islamistische Antisemitismus hat den christlichen Antisemitismus erst spät Anfang des 20. Jahrhunderts entdeckt und aufgenommen. Die Wurzeln sind nicht so tief, als dass diese Haltung nicht unumkehrbar wäre. Der islamische Antijudaismus des 7. und 8. Jahrhunderts degradiert Juden als „feige" „Dhimmis" (Schutzbefohlene), während der europäische Antisemitismus Juden als böse Macht gefährlicher Weltverschwörung dämonisiert. Diese Einordnungen unterscheiden sich fundamental.[103]

Man kann der internationalen Gemeinschaft (UN und andere) nur viel Glück bei der Befriedung wünschen. Die Zwei-Staaten-Lösung ist weit weg und anscheinend doch alternativlos. Ende 2023 fällt das Resümee verheerend aus: Die humanitäre Katastrophe hat die der Ukraine, Jemens und Syriens weit übertroffen.[104] Die Brutalität des Hamas-Überfalls hat ebenfalls alle denkbaren Schrecken übertroffen.

Der Palästina-Konflikt ist durch die Auflösung des Osmanischen Reiches unter Mitwirkung Großbritanniens und Frankreichs entstanden. Genuin ausschlaggebend waren dabei bezüglich Palästinas keine wirtschaftlichen Interessen, sondern die politische Überlegung Großbritanniens, einen Puffer zum Suezkanal zu schaffen.[105] Die Integration der jüdischen Wünsche nach einem Schutzraum wurde genutzt, um den Kriegsverlauf über die Beteiligung der USA zu beschleunigen. Das aktuelle Problem lässt sich weder mit Ölressourcen noch mit dem Suezkanal begründen. Es ist schlichtweg das Desinteresse des Westens, den selbst verursachten Schaden zu beheben.

[103] Küntzel 2020, o.S.

[104] Gemessen an den zivilen Opfern in der kurzen Frist unter Berücksichtigung der Tatsache, dass im Gazastreifen keine Fluchtmöglichkeiten bestehen (Witschel 2023, o.S.).

[105] Morris 1948, S. 9ff.

3. Israel, Anrainerstaaten und USA

Die Staaten um Israel/Palästina herum zählen nicht zu den ausgewiesenen Demokratien. Es sind Emirate und andere autoritäre Staatsformen. Die kriegerischen Aktivitäten zwischen diesen arabischen Staaten und Israel hatten auch Einfluss auf die innere Sicherheit dieser Länder. Der sich schubweise entwickelnde palästinensische Migrationsstrom in diese Regionen war teilweise ein Import eskalierender Konflikte. Nicht selten entwickelten sich bürgerkriegsähnliche Situationen ausgelöst durch Attentate.[106] Die Solidarität der arabischen Bevölkerungen in den Anrainerstaaten war meistens größer als die der eigenen Regenten, die sich vornehmlich um die Sicherheit ihrer eigenen Macht sorgten. Das beste Beispiel ist Jordanien, das noch heute zu 50 Prozent aus Palästinensern bzw. deren Nachfahren besteht.

3.1 Jordanien mit „kaltem Frieden"

Jordanien wurde durch den britischen Kolonialminister Winston Churchill 1921 nach seinen eigenen Worten als Pufferstaat zum umkämpften Palästina gegen die anderen arabischen Staaten, die unter britischem Einfluss standen, kreiert. Der Preis war die Protektion der jordanischen Monarchie. Seit dieser Inauguration lavierte sich König Hussein bis zu seinem Tod 1999 durch alle Brandherde des Nahen Ostens. Im September 1970 („Schwarzer September")[107] misslang in Amman ein Umsturzversuch gegen Hussein durch eine palästinensische Befreiungsorganisation. Der kurze Bürgerkrieg führte zur Flucht der geschlagenen Palästinenser in den Libanon. Der in den 1970er Jahren begonnene Nahost-Friedensprozess mündete im Jahr 1994 in

[106] WDR 2009, o.S.

[107] Diese Bezeichnung wurde durch die Terrorgruppe „Schwarzer September", die den Anschlag bei den Olympischen Spielen in München 1972 zwei Jahre nach der Niederlage in Amman verübte, weltweit bekannt.

die Übergabe des von Jordanien verwalteten Westjordanlands und Ostjerusalems an die PLO, die im selben Jahr als legitime Vertreterin des palästinensischen Volkes durch die UN anerkannt wurde. König Hussein konnte mit der Abgabe dieses Brandherds den Weg für den Friedensvertrag mit Israel ebnen. Der Frieden gilt dennoch als „kalt", weil Jordanien ein wichtiges Rückzugsgebiet der Palästinenser darstellt. Die Palästinenser in Jordanien sind eine politische Macht schon aufgrund der demografischen Entwicklung[108] und sie akzeptieren den Status quo nicht.

Das Königreich fürchtet eine weitere Fluchtbewegung der 3 Millionen Palästinenser aus dem Westjordanland. Die Erinnerung an die 450.000 vertriebenen Palästinenser aus Kuwait ist in Jordanien noch präsent. Deshalb setzt Jordanien auf eine Zwei-Staaten-Lösung Palästina/Israel. Nur so könnte der Friedensvertrag von 1994 eine ökonomische Dividende ermöglichen. Alle anderen Probleme wie Grenzsicherheit und Energieversorgung sind zwischen Israel und Jordanien geregelt. Es fehlt „nur" der Frieden in der Region.

Jordanien ist ökonomisch nicht ohne externe Hilfe überlebensfähig. Das Land verfügt über kaum nennenswerte Rohstoffe und der Industriesektor ist schwach entwickelt. Als Ressourcen und Exportgüter sind Kaliumcarbonat und Phosphat zu nennen. Jordanien leidet wie viele andere Staaten des Globalen Südens unter Wassermangel. Die Wasserentnahme aus dem Jordan ist ein permanenter Streitpunkt mit Israels Gemeinden.[109]

Das BIP pro Kopf nach Kaufkraftrelation lag in 2022 mit 11.000 US-Dollar etwa 10-15 Prozent über dem Niveau Ägyptens (siehe Abb. 9). Die UN klassifiziert ca. 20 Prozent der 11 Millionen Einwohner als arm. Die Arbeitslosenquote betrug im Jahr 2022 ca. 18 Prozent, die der Jugendlichen lag bei etwa 40 Prozent.[110] Über 40 Prozent der Beschäftigten sind informell, also außerhalb staatlicher Statistiken beschäftigt. Die makroökonomischen Kennzahlen stehen für eine schwache Ökonomie, die aber einen leicht positiven Trend aufweist. Die palästinensischen Migranten belasten die Volkswirtschaft einerseits, andererseits sind jordanische Unternehmer zumeist Palästinenser.

[108] Ratka 2023, o.S.
[109] Visser 2022, o.S.
[110] WKO 2023, o.S.

Der größte Arbeitgeber ist der jordanische Staat selbst. Dann folgt das Hilfswerk der Vereinten Nationen für Palästinaflüchtlinge im Nahen Osten (UNRWA).[111] Die Europäische Union unterstützt Jordanien mit sechsstelligen Millionenbeträgen; Deutschland hatte für die Jahre 2022/2023 über 400 Millionen EUR zugesagt.[112]

3.2 Ägypten wie eine Sphinx

Ein Stabilitätsfaktor im Nahen Osten ist Ägypten. Der Staat hatte, wenn auch mit Blessuren, die „Arabellion" überstanden. Der Islamismus konnte sich nicht durchsetzen. Das Land ist allerdings von instabilen Regionen umzingelt: Palästina inkl. Gazastreifen, Sudan im jahrzehntelangen Bürgerkrieg und Libyen.

Abbildung 6: Ägypten und Nachbarstaaten

[111] Kooperation International 2023, o.S.
[112] BMZ 2023, o.S.

Ägypten war einst reich und stabil, seit der Arabellion im Jahr 2011 und der Intervention der USA[113] gegen den „Islamischen Staat" präsentierte es sich als zerfallener Staat in einer humanitären Notlage. Die Regierung des Putschisten und späteren Präsidenten Abdel Fattah al-Sisi rief 2015 die Modernisierung des Landes aus.

In Kairo wurden jahrhundertealte Friedhöfe durch mehrspurige Ausfallstraßen überbaut. Proteste von Anwohnern und Archäologen konnten die Verlegung der Toten nicht verhindern. Die Regierung begegnet jedem offenen Protest mit repressiver Gewalt. Jedwede Opposition wird beseitigt, kritische Journalisten inhaftiert. Die Straßenprojekte mit 10 Spuren sollen den übermäßigen Verkehr in Kairo eindämmen. Das ist durchaus sinnvoll, nur die baulichen Prioritäten irritieren ob der geringen volkswirtschaftlichen Produktivität. Eine Erklärung bietet die außerordentliche Schuldenpolitik der Regierung. Die Projekte sind fremdfinanziert und der Ausbau des Suezkanals auf eine zweite Fahrrinne hat 8 Milliarden US-Dollar verschlungen, die in dieser Höhe nicht geplant waren. Die Auslandsverschuldung wurde von 2016 bis 2022 auf 160 Milliarden US-Dollar vervierfacht.[114] Zwar hat der Internationale Währungsfonds (IWF) schon einmal die Zahlungsmoral Ägyptens beanstandet, aber al-Sisi konterte mit dem Hinweis, dass die ökologisch nachhaltige Erneuerung etwas Zeit bräuchte und die COVID-19-Pandemie schließlich auch berücksichtigt werden müsste.[115]

Al-Sisi erwarb sich mit der Finanzierung durch den IWF das Renommee eines soliden Schuldners, so dass auch die Golf-Staaten interessiert waren. 92 Milliarden Dollar flossen von den Golfmonarchien nach Ägypten. Die Rückzahlungen stocken. Saudi-Arabien kritisierte al-Sisis Politik, Mega-Prestigeprojekte wie die Modernisierung Kairos mit fremdem Geld zu finanzieren und den Golf-Staaten lediglich Minderheitsbeteiligungen an Unternehmen anzubieten. Besonders die Rolle des Militärs in der Wirtschaft erregt Aufmerksamkeit. Das Militär

[113] Die USA sind in ihrer Interventionspolitik sehr viel zurückhaltender geworden, sie greifen nur noch ein, wenn sie es für unabdingbar halten, wie z.B. beim Einsatz gegen den „Islamischen Staat" 2014. In Syrien und im Irak wurde das neue Paradigma zum Vakuum und damit zur Einladung für das russische und iranische Eingreifen besonders in Syrien (Steinberg 2022, o.S.).

[114] Roll 2022, S. 28.

[115] Der Tourismus als wesentliche Devisenquelle fiel in den Zeiten fast komplett aus (Behrendt 2023, o.S.).

besitzt bzw. kontrolliert Unternehmen, die bis zu 40 Prozent der Wirtschaft außerhalb des offiziellen Staatshaushalts ausmachen. Die Forderung des IWF nach Privatisierung will al-Sisi umsetzen: 32 Staatsunternehmen sollen bis Ende 2024 verkauft werden.[116]

Führungskräfte in Ägypten beklagten seit Jahren unlauteren Wettbewerb durch staatliche Unternehmen, die Steuererleichterungen und andere Vorteile in Anspruch nehmen. Das Wirtschaftsimperium des Militärs verdrängte private Unternehmen. Genau das hat auch der IWF kritisiert. Interessant ist das Modell des wirtschaftenden Militärs, das die Auslandsschulden nutzt, um an der nationalen Ökonomie zu partizipieren. Mit diesem Deal wird die perfekte Loyalität zur Exekutive[117] erzeugt. Das Militär im Sudan nutzt diese Vorgehensweise als Blaupause und profitiert zusätzlich von ägyptischen Waffenlieferungen (siehe Abschnitt 4.1).

Aber Ägypten ist nicht der Sudan und die vielen Devisen des Auslands wurden nicht per se verschwendet. Die Modernisierung Ägyptens konnte durchaus vorankommen:[118]

- Die Verwaltung hat begonnen, Dienstleistungen wie Grundbucheintragungen zu digitalisieren.
- Das Zollsystem wurde digitalisiert, um Waren effizienter über die Häfen abzufertigen.
- Stromausfälle wurden ausgemerzt. Gasfelder im Mittelmeer liefern ausreichend Ressourcen für drei neue Gaskraftwerke, die zusammen 14,4 Gigawatt produzieren.
- Investitionen in Solartechnologie nehmen zu.
- Neue Straßen und Brücken sorgen für die Milderung des berüchtigten Kairo-Staus.
- China, Russland und die VAE investieren entlang des Suezkanals.
- Die Internet-Breitbandgeschwindigkeiten haben sich seit 2018 verSechsfacht.

[116] Shaoul 2023, o.S.
[117] Gewaltenteilung besteht nur zum Schein.
[118] Economist 2022, o.S.

Die Investitionen durch Auslandsschulden und das moderate Verhalten von IWF und Investoren sind nicht besonderen Launen geschuldet. Ägypten ist mit über 100 Millionen Einwohnern und seiner zunehmenden politischen Stabilität zum wichtigen Sicherheitsanker im Nahen Osten avanciert. Ägypten, das durch den Friedenspakt mit Israel 1979 temporär aus der Arabischen Liga ausgeschlossen wurde, verfügt inzwischen über gute Kontakte zu fast allen arabischen Staaten inklusive Palästina. Das kann langfristig Dividenden erzeugen, aber schon aktuell ist die Unterstützung Ägyptens ohne Alternative. Behrendt schreibt dazu:

> „Die Angst vor Chaos und Instabilität in Ägypten ist Sisis größter Trumpf, sowohl innen- als auch außenpolitisch.“[119]

Eingedenk dieses „Too big to fail“ bewegt sich Ägypten zwischen den geopolitischen Machtblöcken. USA und Russland liefern Waffen. Die USA unterstützen Ägypten seit dem Friedensvertrag mit jährlich 1,3 Milliarden US-Dollar Militärhilfen. Die zweijährige Unterbrechung betraf den Putsch gegen Mursi. Ägypten „kritisierte“ auch den Angriff auf die Ukraine, steht aber im Verdacht, Russland mit Waffen zu unterstützen.[120] Im Gegenzug liefert Russland den lebensnotwendigen Weizen. Der maximale Opportunismus Ägyptens gründet sich auf der Position im vom Flächenbrand bedrohten Nahen Osten und der eigenen wirtschaftlichen Schwäche. Die Inflation lag im Jahr 2023 bei über 30 Prozent, das ägyptische Pfund verlor gegenüber dem US-Dollar in einem Jahr die Hälfte an Wert und die Auslandsverschuldung ist enorm. Doch Ägypten ist noch stabil.

3.3 Libanon, Syrien, Irak und Jemen

Der Iran hat seit dem Jahr 2011 den Einfluss im Nahen Osten ausgebaut. Teheran profitierte von der Arabellion, dem Arabischen Frühling 2010/2011. Das regionale Gleichgewicht der Region ging verloren, weil die Regenten der arabischen Nachbarstaaten ihre Macht verloren oder zumindest teilen mussten. Der arabische Hauptrivale ist indes

[119] Behrendt 2023, o.S.
[120] Bickel 2023, o.S.

Saudi-Arabien, das ein Schutzabkommen mit den „verhassten“ USA geschlossen hat und auch über große militärische Kapazitäten verfügt.

Abbildung 7: Nachbarstaaten Irans und Saudi Arabiens

Die vom Iran unterstützten „Widerstandsbewegungen“ befinden sich rund um das wahhabitische Saudi-Arabien[121]. Mit dem Jemen, Syrien, Irak und dem Libanon unterhält der Iran in 4 Nachbarstaaten Saudi-Arabiens militärische Einheiten oder aber von ihm unterstützte Oppositionsbewegungen wie die Hisbollah oder die Huthi-Rebellen. Dabei setzt der Iran u.a. auf die religiösen Differenzen mit Regierungen, die

[121] Die wahhabitische Lesart des sunnitischen Islam ist besonders restriktiv und konservativ. Die Rivalität zum Schiismus des Iran wird besonders herausgehoben.

in der Regel dem sunnitischen Glauben folgen. Bei Syriens Regenten um Baschar al-Assad, der vom Iran gestützt wird, handelt es sich um Alawiten, eine im Spektrum des Schiismus agierende Gruppe.

Die sogenannte „Achse des Widerstands“, die der Iran im Jahr 2004 gegen Israel und die USA ausgerufen hat, besteht aber auch aus sunnitischen Gruppen wie der Hamas, wenn es im machtpolitischen Interesse des Iran liegt. Es geht dem Iran vorrangig um die Vorherrschaft im Nahen Osten als Sicherung der eigenen Macht. Das ist durchaus ernst zu nehmen, denn das Land hat gute wirtschaftliche Voraussetzungen. In der Vergangenheit war die politische Isolation aufgrund der Sanktionen des Westens ein großes Problem, durch die Anbindung an den BRICS-Block hat sich das allerdings deutlich gemildert. Besonders die Beziehung zu China wirkt sich für den Iran positiv aus. Über Drittländer liefert er Öl nach China, das somit einen Teil der Mengen abnimmt, die durch die Sanktionen des Westens verloren gingen.

Abbildung 8: Irans Öllieferungen nach China

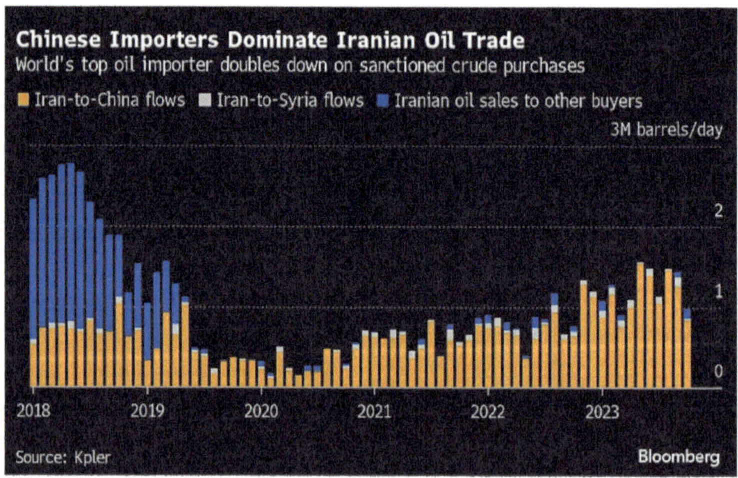

Quelle: Cheong 2023, o.S.

Etliche Öllieferungen werden statistisch nicht erfasst, da der Iran Schlupflöcher im Sanktionsnetz und besondere Handelsrouten nutzt.[122]

Irans Ölförderung stieg im Jahr 2022 trotz Sanktionen um 5,9 Prozent. Saudi-Arabien steigerte die Förderung um 16 Prozent. Die Zielhäfen liegen in China.[123]

Die Einnahmen aus Öl- und Gaslieferungen machen es möglich, dass der Iran sich das eigene Militär und die ausländischen Operationen leisten kann. Syrien wurde bislang zusätzlich mit preisreduziertem Öl beliefert.[124] Die regressive Entwicklung der vom Iran beeinflussten Staaten ist evident. Ein Wendepunkt um das Jahr 2011 herum ist erkennbar. Andere Ausschläge repräsentieren kriegerische Auseinandersetzungen und Ölpreisverfall.

Abbildung 9: BIP pro Kopf selektiver arabischer Staaten von 1960 bis 2022

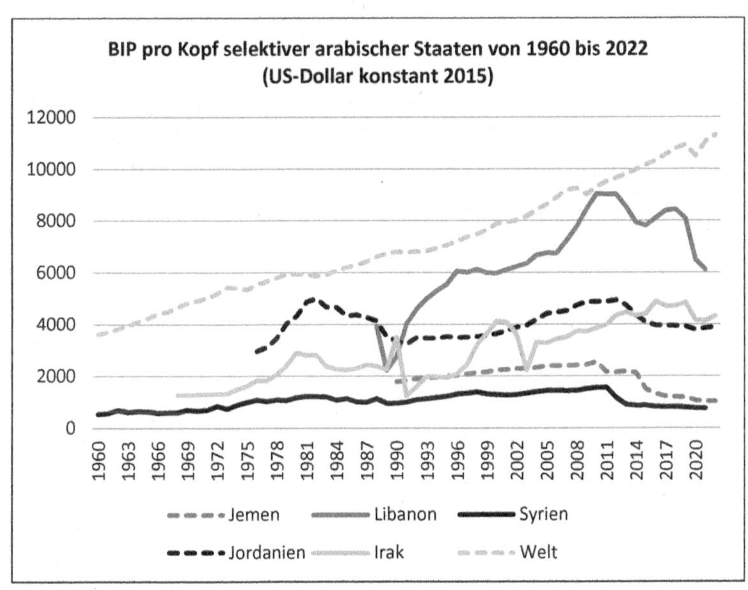

Daten: Worldbank. ©te

[122] FAZ 2022, o.S.
[123] Enerdata 2023, o.S.
[124] Knipp 2023, o.S.

3.3.1 Libanon 1982

Peter Ricketts von der Financial Times wies am 21. Oktober 2023 auf die Parallele zwischen dem Vorgehen im Gazastreifen und der Invasion von 1982 hin,[125] als Palästinenser-Aktivisten aus Jordanien ausgewiesen wurden und sich im Libanon ein neues Rückzugsgebiet suchten. Der Südlibanon wurde von ihnen dominiert und es kam immer wieder zu kleinen Scharmützeln an der israelisch-libanesischen Grenze auch mit Opfern auf israelischer Seite, freilich in einer Dimension, die nicht vergleichbar ist mit den Gräueltaten der Hamas vom 7. Oktober 2023. Ein Attentatsversuch auf den israelischen Botschafter in London lieferte dem Hardliner und damaligen Verteidigungsminister Ariel Scharon (1981-1983) den Anlass, in den Libanon bis ins westliche Beirut vorzudringen. Die Angriffe auf die zivile Bevölkerung handelten der israelischen Staatsführung massive internationale Kritik ein. Die USA, die mit Israel gegen eine entsprechende UN-Resolution stimmten, vermittelten einen Kompromiss: 14.000 palästinensische Widerständler verließen den Libanon Richtung Tunis. Es wirkte wie ein Sieg Israels, aber als daraufhin der neugewählte und israel-freundliche libanesische Präsident ermordet wurde, kam es in den palästinensischen Flüchtlingslagern Sabra und Shatila zu Massakern gegen Zivilisten durch eine mit Israel verbündete Christen-Miliz. Ein Untersuchungsbericht Israels bescheinigte Ariel Scharon eine Mitschuld.[126] Israel ist dann im Jahr 1985 unter dem internationalen Druck (inkl. der USA) sukzessive aus dem Libanon abgezogen und hinterließ ein völlig instabiles Land. Dieses Muster war dann später genauso in anderen Staaten des Nahen Ostens und in Afghanistan erkennbar. Syrien resp. der Iran konnte daraufhin den Einfluss auf den Libanon intensivieren. Nicht zufällig gründete sich die Hisbollah nach dem Libanonkrieg 1982 durch schiitische libanesische Geistliche. Israels Premier Menachem Begin versprach nach der Invasion 1982 einen 40-jährigen Frieden zwischen dem Libanon und Israel. Stattdessen können ein zerklüfteter Staat und die Entstehung der Hisbollah im Libanon festgestellt werden. Das Gefährdungspotenzial gegen Israel wurde deutlich gesteigert. Das könnte sich im Gazastreifen wiederholen, obwohl kaum noch steigerungsfähig.

[125] Ricketts 2023, o.S.

[126] Gorzewski 2014, o.S.

Realistischer ist ein Ansteigen der Terrorismusgefahr im Westjordanland und in den Anrainerstaaten, in die Palästinenser geflüchtet sind.

3.4 Die Quds-Korps

Militärisch wird die „Achse des Widerstands“ vom Quds-Korps[127] geführt. Die Quds-Brigade ist der exterritoriale Arm der iranischen „Revolutionsgarden“, die allein vom „Revolutionsführer“ und politischen Oberhaupt Ali Khamenei befehligt werden. Diese Einheit wurde während der Schah-Vertreibung 1979 in Abgrenzung zur konventionellen Armee vom damaligen Ayatollah Ruhollah Khomeini gegründet. Sie diente dem Schutz vor potenziellen Putsch-Versuchen des Militärs. Die Quds gelten als Elitetruppe der „Revolutionsgarden“ mit dem Auftrag, die „Achse des Widerstands“ zu erweitern. Das geschieht nicht nur militärisch über Waffenausrüstung und Finanzierung der Operationen, sondern auch ideologisch über Ausbildung und Beratungen.[128]

Syrien nimmt eine exponierte Stellung in den Beziehungen des Iran ein, denn es ist der einzige verbündete Nachbarstaat. Ein Machtverlust der Alewiten um Assad würde in der Gedankenwelt der Mullahs einen Ansteckungsprozess bis nach Teheran auslösen. Diese nicht unbegründete Vermutung mobilisierte das iranische Regime zur massiven Unterstützung des Assad-Regimes seit den 2011er Unruhen in Damaskus. Technik, Waffen, Geld und die Quds-Brigaden stabilisierten die militärische Kraft der Assad-Gruppe, die zwischen 2011 und 2020 rund 20-30 Milliarden US-Dollar vom Iran bezogen.[129] Die Quds-Brigaden und Helfer der Hisbollah mussten die Erosion der aus überwiegend sunnitischen Soldaten bestehenden Armee kompensieren.

Aus der Verbindung zu Syrien ist auch die Intensivierung der Beziehungen des Irans zu Russland zu erklären. Ohne die russische Intervention wäre der Bürgerkrieg in Syrien möglicherweise anders verlaufen. Russlands massive Bombardierungen verschafften dem Assad-Regime ein Übergewicht und die Kontrolle über verlorenes Terrain,

[127] Persisch: Niru-ye Qods, arabisch: Failaq al-Quds.

[128] Steinberg 2021, S. 7f.

[129] Ebenda, S. 18

auch gegen den „Islamischen Staat“. Russland rettete Assad und damit potenziell indirekt die Mullah-Herrschaft im Iran. Der Iran wiederum dankt es den Despoten im Kreml mit Lieferungen von militärischen Drohnen gegen die Ukraine. Die „Achse des Widerstands“ ist längst zur Paria-Achse mit Russlands Beteiligung ausgeweitet worden.

Organisationen wie Hisbollah und Huthi-Rebellen sind im iranischen Organigramm eher als Juniorpartner geführt. Die libanesische Hisbollah nimmt dabei eine gehobene Stellung in der Internationalisierung des Iran ein. Sie unterstützt die Quds-Brigade in der Akquirierung und Mobilisierung von „Kämpfern“ in Syrien, Irak und Jemen. Hisbollah-Chef Hassan Nasrallah hat inzwischen eine Führungsrolle in der „Achse“ übernommen. Die Hisbollah hat in Absprache mit den Huthi-Rebellen Israel und den westlichen Schiffsverkehr im Roten Meer bombardiert. Die „Huthis“ haben die Schiffe Chinas und Russlands davon ausgenommen, was die Relevanz der BRICS-Union unterstreicht.[130] Die Regie führte der Iran, denn ohne Rückendeckung aus Teheran wären diese Angriffe aufgrund militärischer Unterlegenheit zu riskant. Es ist die „Achse des Widerstands“, die wohldosiert Israel attackiert, ohne einen ultimativen Gegenschlag bzw. Flächenbrand auszulösen.

Der Vollständigkeit halber muss erwähnt werden, dass vor dem Hamas-Überfall am 7. Oktober 2023 der Iran unter Mitwirkung Chinas diplomatischen Kontakt zu Saudi-Arabien aufgenommen hatte. Das hatte auch Folgen für die Huthi-Rebellen, die seit 2014 den größten Teil Nordjemens und die Hauptstadt Sanaa besetzt hielten. Die international anerkannte Regierung floh erst in den Süden und später nach Saudi-Arabien, das 2016 in den Krieg gegen die Huthis einstieg. Erst im Frühjahr 2024 kam es zu einem Treffen der Kontrahenten. Chinas Vermittlungsbemühungen – wohl auch im Rahmen der BRICS-Zusammenführung[131] – zur Annäherung von Iran und Saudi-Arabien trugen Früchte. Beide Staaten errichteten wieder Botschaften im jeweils anderen Land und die Huthi-Rebellen stellten das Feuer in Richtung Saudi-Arabien ein.[132] Das Interesse Saudi-Arabiens am Frieden im Nahen Osten wird von der „Achse des Widerstands“ nicht geteilt. Die

[130] Ntv 2024, o.S.
[131] Iran und Saudi-Arabien werden ab 2024 Mitglieder im BRICS-Plus-Block.
[132] ZDF 2023, o.S.

diplomatischen Kanäle sind wieder erkaltet, nachdem die Hisbollah und auch die Huthi-Rebellen aktiv Israel und seine Verbündeten beschießen. Die Lage bleibt fragil.

Abbildung 10: Von Huthi-Rebellen kontrolliertes Gebiet

Quelle: dpa 106451

Abbildung 11: Gebiete unter Hisbollah-Dominanz

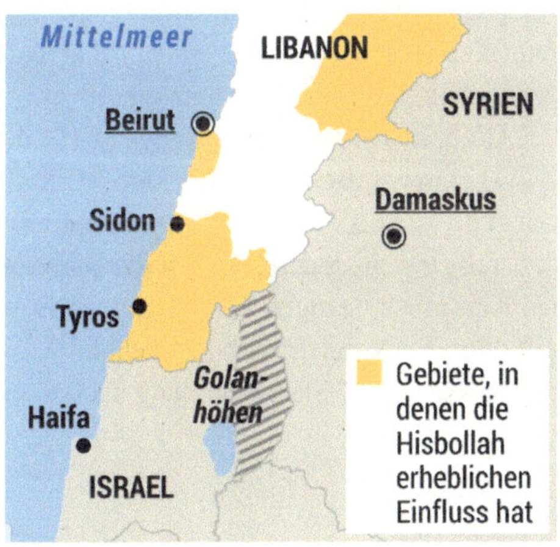

Quelle: dpa 106326a

3.5 Die USA-Militärhilfe für Israel

Die militärische Situation im Nahen Osten wird gern so dargestellt, dass Israel als „David“ gegen die Anrainerstaaten als „Goliath“ antritt. Im Grunde ist es aber so, dass erst die britische und später die US-amerikanische militärische Unterstützung den Ausschlag gegen die relativ rückständigen arabischen Nachbarländer gegeben haben. Einmal aufgerüstet, ereiferte sich Ariel Scharon, seinerzeit noch Südkommandant, selbstverliebt in der Äußerung „alle Armeen Europas sind schwächer als wir … Wir können das Gebiet von Khartum bis Bagdad und Algerien in einer Woche erobern.“[133]

Die Aufrüstung des Iran seit der „islamischen Revolution“ und der Versuch, Atomwaffen herzustellen, ändert das Ungleichgewicht der Gesamtregion. Dazu kommt allerdings noch Saudi-Arabien, das über ein immenses Militärbudget verfügt. Die Sicherung der Ölressourcen und des Machtgefüges auf der einen Seite und der Erhalt der Sicherheit Israels als Staat haben die Kosten im Nahen Osten ständig hochgetrieben.

Abbildung 12 verrät viel über Großmachtansprüche und Sicherheitspolitik. Der Nahe Osten hat erkennbar enorm aufgerüstet. Die Ukraine hatte im Jahr 2022 einen Anteil von 34 Prozent Militärausgaben zum BIP und war damit Spitzenreiter vor Saudi-Arabien. Allerdings hinkt der Vergleich: Eine stark beschädigte Volkswirtschaft und ein Abwehrkrieg gegen eine riesige Armee sind nicht vergleichbar mit Situationen ohne diese beiden Komponenten. Aber auch Prävention kann kostenträchtig sein, wenn die Bedrohung groß ist.

In der Studie „Globaler Militarisierungsindex 2017“ des „Internationalen Konversionszentrum Bonn“ wurde der Militarisierungsgrad Israels als global führend ausgewiesen. Einerseits ist das Wehrpflichtsystem besonders ausgeprägt, andererseits ist die schwere Bewaffnung mit Panzern und Kampfjets bezogen auf die geringe Bevölkerung von seinerzeit 8 Millionen Einwohnern hervorzuheben.[134] Die Streitkräfte wurden bereits 2 Wochen nach Staatsgründung ins Leben gerufen.

[133] Knaul 2013, o.S.

[134] Israelnetz 2017, o.S.

Abbildung 12: Ranking von Staaten mit dem höchsten Anteil von Militärausgaben am BIP 2022

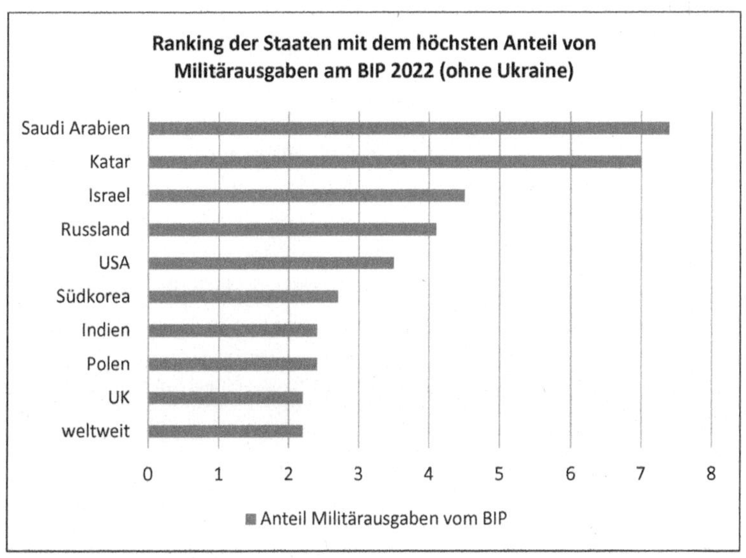

Daten: Statista 2024a. ©te

Von 1948 bis zur Invasion in den Libanon 1982 trugen die USA 48 Prozent der Militär- und rund 35 Prozent der Wirtschaftshilfe für Israel. Aktuell werden bis 2028 jährlich 3,8 Milliarden US-Dollar Militärhilfe gewährt. Bis auf die Bewaffnung zu Luft ist der Iran Israel mit konventionellen Waffen überlegen, aber die Kampfjets sind ein elementarer Faktor. Auch ist Israel mit Atomwaffen (80-90 Sprengköpfe) ausgerüstet, auch wenn eine offizielle Bestätigung bis heute ausgeblieben ist. Die Information gilt als gesichert und wird auch von SIPRI[135] entsprechend ausgegeben. Nachvollziehbar ist die Besorgnis Israels, dass der erklärte Erzfeind Iran mit seinem Atomwaffenprogramm erfolgreich sein könnte.[136] Auch ohne Atomwaffen ist der Iran zu einer überregionalen Militärmacht aufgestiegen mit rund 3.000 ballistischen Raketen. Mit Präzisionsraketen, die bis nach Europa rei-

[135] Stockholm International Peace Research Institute (NGO).
[136] Tagesschau 2023b, o.S.

chen, baut der Iran genug Abschreckung auch gegen die USA bzw. ihre Verbündeten auf.[137] Dazu zählt Israel in besonderem Maße.

Die US-Militärhilfen sind aber auch in einem anderen Licht zu sehen. Die USA haben in Afrika und vor allem Lateinamerika diverse Staatsführungen unterstützt, die massiv gegen Menschenrechte verstoßen hatten und haben, darunter Simbabwe (Rhodesien) und Südafrika in der Apartheitsphase. In Lateinamerika wurden despotische Regierungen in Guatemala und Honduras gestützt. Die zivile US-Gesellschaft war auch aufgrund der sinnlosen Kriege in Indochina und des Putsches gegen die demokratisch gewählte Allende-Regierung in Chile nicht bereit wegzuschauen. Nicht zuletzt deshalb hatte der US-Kongress die direkten Militärhilfen untersagt. Die Legislative wurde dann über Geheimdienstkanäle ausmanövriert und Israel sprang ein und verrichtete für die USA relevante Dienste in Dankbarkeit für die US-Hilfen: Kampfjets, Panzer, Sturmgewehre etc. wurden von Israel geliefert und Verteidigungsminister Scharon wurde z.B. in Honduras gefeiert, denn Israel lieferte das, was US-Präsident Reagan versprach, aber nicht halten konnte, da der US-Kongress die Hilfe verweigerte. Auf diese Weise flossen Milliarden US-Dollar über den Umweg Israel zu den Zielen nach Lateinamerika und Afrika.[138]

[137] Kramper 2024, o.S.
[138] Chomsky 2021, S. 36.

4. Sudan: Putsch, Gold-Minen und Wagner-Group

Der aktuelle Konflikt im Sudan mit über 500 Toten und 4.200 Verletzten zwischen den Generälen General Mohammed Hamdan Daglo der Para-Militärs (Rapid Response Force, RSF) und Abdel Fatah al-Burhan (reguläres Militär = Sudanese Armed Forces, SAF) basiert auf der langen Geschichte rivalisierender Gruppen. Beide Armeen, also SAF und RSF, stellen jeweils etwa 100.000 Soldaten.[139] Die SAF verfügt über die schwereren Waffen wie Kampfjets, die RSF über die bessere, weil leichtere Ausstattung für innerstädtische Auseinandersetzungen.[140] Es ist wie ein Bürgerkrieg ohne Bürger. Al-Burhan verlangt die Auflösung bzw. Integration der RSF in die SAF. Daglo verweigert die Gefolgschaft, weil die Auflösung erst nach Übergabe an eine Zivilregierung erfolgen soll. Fakt ist: RSF und SAF sind im Krieg und eine Zivilregierung ist in weite Ferne gerückt.

Die Zivilbevölkerung hat die Rolle eines Statisten, der sich wegducken muss, um nicht zum Kollateralschaden der kämpfenden Armeen zu werden. Schon im Jahr 2022 wurden über 14 Millionen Menschen gezählt, die humanitär unterversorgt sind. Die Zahl wächst aktuell noch schneller, denn nur noch 16 Prozent der gewöhnlich Beschäftigten arbeiten noch.[141] Der große andere Teil ist auf der Flucht vor Waffengewalt und Überschwemmungen. Das Wetter ist geprägt von Hitze und immer kürzeren Regenzeiten. Die Ernteerträge sinken und die Wahrscheinlichkeit von Überschwemmungen durch unregelmäßigen Regen steigt. Die meisten Einwohner sind abhängig von Ackerbau und Viehzucht. Im Jahr 2020 wurden über 100.000 Häuser durch Überschwemmungen zerstört oder stark beschädigt; 770.000 Menschen

[139] Starzmann 2023, o.S.

[140] Koelbl/Perthes 2023, o.S.

[141] Taz 2023, o.S.

waren davon betroffen. Im Jahr 2022 wurden ca. 100.000 Menschen aus dem Sudan vertrieben.[142]

Das Land leidet paradoxerweise gleichzeitig an internationalen Begehrlichkeiten, weil der Sudan über Vorkommen an Gold, Diamanten, Erdöl[143] und eine strategisch relevante Küstenregion am Roten Meer verfügt. Abgesehen vom Meereszugang sind die Rohstoffe in der Vergangenheit Objekt der internen Auseinandersetzungen gewesen. Die Einnahmen aus dem Rohstoffhandel sind hochkarätig und es sind die lukrativen Einnahmen hieraus, die eine effizientere Landwirtschaft zunichtemachen. Wie begründet sich der Zusammenhang? Die These: Die Absicherung der Rohstoffpfründe und die Profitgier der Beteiligten verschlingen diese Einnahmen, die zur Schaffung von besseren Bedingungen für die Landwirtschaft in Form von Dünger, effektiverer Bewässerung und resistenter Saat verwendet werden könnten. Es besteht kein Interesse an der Verbesserung der wirtschaftlichen Substanz und Lebensverhältnisse.

Abbildung 13: Der Sudan und seine Nachbarstaaten

Quelle: mapcarta.com/Deutsche Welle

[142] IRC 2023, o.S.

[143] In den Sezessionskriegen des Südsudans ging es auch um Öl, das zu 75 Prozent im Süden des Sudans zu finden ist. 2011 wurde per Referendum unter Überwachung durch die UN die Abspaltung mit knapp 99 Prozent der Stimmen beschlossen. Der überwiegend christliche Teil des südlichen Sudans wurde bis dahin vom islamischen Norden dominiert. Es kam zum bekannten Muster einer religiösen Mobilisierung, die auch der Sicherung der Ölquellen dienen sollte.

Abbildung 14: Sudan, Nil und Nachbarstaaten

Quelle: mapcarta.com/Deutsche Welle

Ein Nebenkriegsschauplatz ist die fruchtbare Region am Nil, der auch Ägypten, Südsudan und Äthiopien mit Wasser versorgt. Das führt zu Konflikten um den Bau von Staudämmen in Äthiopien. Der Nachbarstaat des Sudans nutzt das Nil-Wasser für die Stromversorgung über den Grand Ethiopian Renaissance Dam (GERD) und verringert das Volumen für die anderen „Nil"-Staaten, was zu diplomatischen Krisen führte. Der UN-Sicherheitsrat hat die Konfliktparteien aufgefordert, das Problem friedlich zu lösen.[144] Äthiopien steht dabei einer Allianz der anderen Nil-Staaten gegenüber. In der Nutzung des Nil-Wassers liegt aber die Lösung für alle beteiligten Staaten, wenn der Fokus nicht auf metallische und mineralische Rohstoffe verengt wird. Dazu weiter unten.

4.1 Das Militär ist Elite und Industrie zugleich

Der aktuelle Konflikt ist im Wesentlichen eine Auseinandersetzung um Ressourcen wie Öl, Diamanten und Edelmetalle. Es geht um den abgesicherten Zugriff auf die Ressourcen im Sudan, der nicht zur Ruhe kommt. Erst 2021 putschte das Militär gegen eine zivil-militärische Übergangsregierung, die sich auf einen Demokratisierungsprozess

[144] Deters 2022, o.S.

geeinigt hatte. Eine Protestbewegung im Jahr 2019 hatte einen Demokratisierungsprozess initiiert. Langzeitherrscher Omar al-Baschir wurde entmachtet und der erfahrene Ökonom und Ex-UN-Beamte Abdalla Hamdok neuer ziviler Premierminister, was eben nur bis Oktober 2021 hielt. Das Militär putschte erneut mit der Begründung chaotischer Zustände. Hamdoks Geschichte war aber noch nicht zu Ende geschrieben, denn gut ein Monat später wurde er unter dem Druck mächtiger Demonstrationen wieder Premierminister, allerdings nur bis zum Januar 2022. Hamdok wollte zwischen Militär und ziviler Gesellschaft vermitteln, scheiterte aber unter anderem, weil er Subventionen für Treibstoff streichen und das sudanesische Pfund abwerten wollte, worunter die Zivilgesellschaft hätte noch mehr leiden müssen. Die Proteste erweiterten sich auch gegen Hamdok, der daraufhin demissionierte.[145]

Das Muster ist in der Sahel-Zone immer gleich. Eliten aus der Militärakademie räumen zivile Regierungen mit der Parole „Für Frieden, Ordnung und Wohlstand" aus dem Weg. In der Sahelzone, wo sich die Sahara immer weiter ausdehnt und die Lebensumstände der Einwohner drastisch schlechter werden, hat sich die einstige Kolonialmacht Frankreich zurückgezogen. Die Befriedung der Region scheiterte grandios. Die Sahelzone ist zum Putsch-Gürtel Afrikas mutiert. Das entstandene (ausländische) Vakuum wird militärisch von Russland qua Wagner-Söldner[146] und Terror-Milizen der Islamisten besetzt. Letztere nutzen die Wüste als Rückzugsgebiet.[147]

Die Wagner-Gruppe (Private Military Company, PMC) treibt ihr Unwesen im Sudan seit 2017. Die erste öffentliche Wahrnehmung der PMC datiert aus dem Jahr 2014, während der Krim-Annektion durch Russland. Seitdem gilt PMC-Wagner als informeller Arm des russischen Militär-Geheimdienstes im Dienst des Kremls. Söldner-Armeen sind in Russland verboten, weshalb die PMC im Ausland registriert ist. Die PMC ist sozusagen spezialisiert auf Menschenrechtsverletzungen, denn wo die Söldner auftreten, kommt es zu Morden, Vergewaltigungen und Plünderungen. Sudans Diktator al-Bashir hatte eigens nach einem Besuch im Kreml die PMC-Wagner nach Sudan eingeladen, um die Beziehungen zu Russland

[145] Reuters 2022, o.S.
[146] Nennen sich mittlerweile „Africakorps".
[147] Dieterich 2022, o.S.

auszubauen. Wagner-Ex-Chef Prigoschin[148] ließ sich nicht zweimal bitten. Inzwischen ist die PMC-Wagner in Burkina Faso, in der Zentralafrikanischen Republik, in Mali, Libyen, Syrien etc. aktiv.[149] Der Sudan ist seither das Schlüsselland für die Mission „Afrika".[150] Das Geschäftsmodell der Ressourcenförderung zugunsten diverser Firmen der PMC-Wagner gegen Militärunterstützung wird erfolgreich umgesetzt. Die Sahel-Region wird von einem großflächigem Firmennetz der PMC-Wagner überzogen und die Aktivitäten der PMC-Wagner sind über den gesamten Globus gestreut: von der Ukraine, Afrika, Naher Osten bis hin nach Lateinamerika (Venezuela etc.). Afrika ist für die PMC aber ein besonderes Terrain.[151] Das russische Interesse an der dürren Region Afrikas bezieht sich auf Gold, Diamanten und Uran. Das Gold wird zu einem Teil in Dubai umgeschmolzen und gelangt nicht selten über „sanktions"-unkritische Umwege in die Schweiz, die Rekordmengen Gold aus Russland importiert und so die Kriegskassen des Kremls füllt. Die Schweiz hintertreibt die Sanktionen, wo es nur geht.[152]

Abbildung 15: Putsch-Gürtel in der Sahel-Region

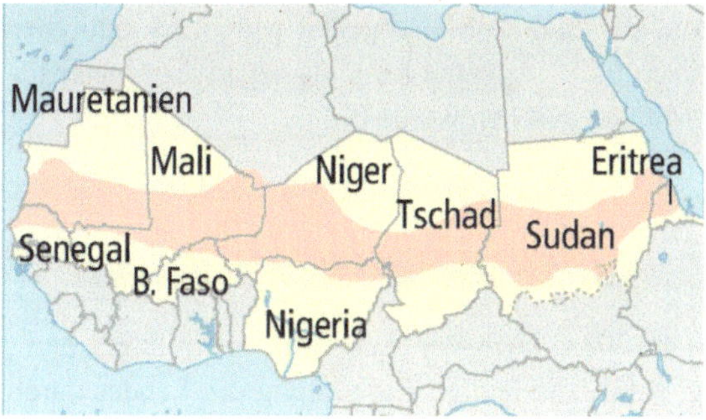

Quelle: dpa

[148] Prigoschin starb 2023 nach einer Rebellion gegen den Kreml durch einen Flugzeugabsturz, der möglicherweise auf das Konto Putins geht.

[149] Schlindwein 2022, o.S.

[150] Ehl 2023, o.S.

[151] Inskeep/Racz 2023, o.S.

[152] Ertl 2023, S. 141ff.

4.2 Demokratie-Bewegung

Insbesondere im arabischen Bereich der Sahel-Region haben sich relevante sozialrevolutionäre Bewegungen gegen die Militär-Diktaturen gebildet. Auch in arabischen Staaten wie dem Irak, Libanon und Algerien waren in der 2019er Demokratiebewegung zuvor Hunderttausende junger Menschen für Freiheit und Demokratie auf die Straßen gegangen – eine „Arabellion 2.0“, die den Sahel-Staat Sudan zur Abschaffung der Scharia, zu Religionsfreiheit, freien Medien und der Bildung von Gewerkschaften führte.

Seit dem Sturz von al-Bashir[153] waren sich zivile Führer und ihre militärischen Kollegen jedoch immer wieder uneins, wie der künftige Weg aussehen sollte. Der Verdacht liegt nahe, dass die Militär-Elite zu keiner Zeit ein Interesse an einer Demokratisierung hatte, sondern nur die eigenen Privilegien sichern wollte. Kaum war der Kompromiss einer zivilen Beteiligung an der Übergangsregierung geschlossen, schossen die Armeen wieder auf Demonstranten. Das Zugeständnis der zivilen Beteiligung sollte nur den Protest beenden.

Ähnlich verhielt es sich in Ägypten, wo im Jahr 2013 nach wochenlangen Massenprotesten Präsident Mursi durch einen Putsch unter General Abd al-Fattah as-Sisi abgelöst wurde. Es kam aber nicht zur Demokratisierung.[154] Ägypten kann als negatives Muster für die sudanesischen Militärs gesehen werden.

4.3 Die Armeen diktieren die Wirtschaft

Am 14. März 2023, noch vor Ausbruch der militärischen Auseinandersetzung, wurde die leidige Ausbeutung des Landes durch die Militärs im Africa Defense Forum (ADF) thematisiert:

[153] Unter seinem Regime kam es zum Genozid an den christlich-afrikanischen Ackerbauern. Die Zahl der Opfer wurde mit über 300.000 angegeben. Seitdem wird al-Bashir als Kriegsverbrecher geführt und ist inhaftiert. Russland erkannte den Haftbefehl aus dem Jahr 2009 in der Funktion als UN-Sicherheitsrat nicht an. Nach al Bashir wurde eine im Sudan gefertigte „Panzer-Linie“ benannt, die das Militär im Sudan besonders schlagkräftig macht. Die Armee gilt als drittstärkste Afrikas und schwächt die Wirtschaftskraft Sudans eklatant.

[154] Schmidinger 2022, o.S.

> „Das sudanesische Militär ist stark in die Wirtschaft des Landes eingebunden, von Goldminen über landwirtschaftliche Felder bis hin zur Waffenherstellung. Dazu gehören die sudanesischen Streitkräfte (SAF), angeführt von Putschführer General Abdel Fattah al-Burhan, und die Rapid Support Forces (RSF) unter Führung von al-Burhans Stellvertreter und Hauptkonkurrenten General Mohamed Hamdan Daglo, auch bekannt als Hemedti (kleiner Mohammed).“[155] (Übersetzt vom Autor)

Beide Armeen sind involviert und es liegt der Verdacht nahe, dass es vor allem um die Vorherrschaft über die Ressourcen geht. Die Eliten der SAF verfügen über hunderte Unternehmen in diesem Sektor: Das Militär ist gleichzeitig führende Unternehmerschaft. Es handelt sich um die Military Industry Corporation (MIC), die über den militärischen Bereich hinaus aktiv ist. Zum Portfolio zählen auch Ölförderung, Getreidemühlen, Bauunternehmen, Mobilfunk, der Import von Elektronik. Diese Einrichtung würde bei freien Wahlen im Land zumindest zur Disposition stehen können.[156] Im ADF-Bericht ist dann auch zu lesen, dass nicht nur al-Burhan profitiert, sondern auch der Kontrahent Daglo alias Hemedti bei der Vermarktung der Ressourcen mitmischt.

> „Hemedti pflegt enge Beziehungen zur Wagner-Gruppe und zu Russland. Wagner begann unter dem ehemaligen Diktator Omar al-Bashir mit eigenen Bergbaubetrieben im Sudan und unterhält weiterhin Beziehungen zu SAF und RSF. Durch seine Vereinbarungen mit der sudanesischen Führung schmuggelt Wagner jedes Jahr Tonnen von Gold aus dem Sudan, um Russland dabei zu helfen, internationale Finanzsanktionen zu umgehen, die nach der Invasion der Ukraine im Jahr 2022 verhängt wurden. Der Schmuggel kostet den Sudan Millionen von Dollar an entgangenen Staatseinnahmen in einer Zeit, in der die Finanzen des Landes prekär sind.“[157] (Übersetzt vom Autor)

Interessant ist dabei die indifferente Beziehung der Putin'schen Wagner-Truppen bzw. seiner Firma Meroe Gold (Tochterfirma der M-Invest)[158] zu beiden Armeen. Das reguläre Militär unterhält außerdem offizielle

[155] ADF 2023, o.S.
[156] Deutschlandfunk 2021, o.S.
[157] ADF 2023, o.S.
[158] Elbagir 2022, o.S.

Beziehungen zum Kreml, der großes Interesse an einer Militärbasis am Roten Meer hat, quasi als russisches Tor zum Kontinent Afrikas. Das Vorhaben wurde mit der Absetzung von Omar al-Baschir unter Hamdok weiterverfolgt und erst 2021 von der zivil-militärischen Übergangsregierung gestoppt. Russland und Wagner-Ex-Chef Prigoschin hofften nun auf einen für sie günstigen Ausgang des Konflikts, wobei es ihnen gleich war, wer gewinnt, denn sie pflegen zu beiden Armeen intensive Kontakte. Daglo hielt sich am Tag nach der russischen Ukraine-Invasion im Kreml auf und verteidigte Putins Krieg.[159] Beide verfolgen das Ziel, das Entstehen demokratischer Strukturen zu vermeiden, denn eine zivile Regierung könnte Schürfrechte beschneiden und das Projekt am Roten Meer gefährden. Eine offene demokratische Gesellschaft könnte die illegalen Geschäfte aufdecken. So versuchte Prigoschin über die sudanesische Scheinfirma al-Solag die Sanktionen gegen seine Firma zu umgehen. Der zivile Regierungsteil Sudans hatte inzwischen ein Anti-Korruptionskomitee gegründet, das im September 2021 einen detaillierten Bericht an die Streitkräfte mit Beweisen für den Transfer von Meroe Gold an al-Solag lieferte. Die Regierung wurde aufgefordert, das „Verbrechen gegen den Staat" zu stoppen. Einen Monat später wurde durch Daglo und al-Burhan geputscht und das Komitee aufgelöst.[160]

Der aktuelle De-facto-Führer General Abdel Fatah al-Burhan (SAF) ist in Ägypten an der Militärakademie ausgebildet worden und die ägyptischen und sudanesischen Armeen haben einige gemeinsame Übungen durchgeführt. Der Einfluss Ägyptens ist mehr als deutlich, sowohl militärisch als auch politisch-ideologisch. Der Anstoß für den Ausbruch des Krieges gab dann auch eine Aktion Ägyptens, das im nordsudanesischen Merowe Soldaten und Kampfflugzeuge bereitstellte, um al-Burhan zu unterstützen. General Daglo vom RSF befürchtete, dass diese ägyptischen Jets seine Armee angreifen könnten und ließ 27 Ägypter am 15. April 2023 inhaftieren, woraufhin die Gefechte ausbrachen.[161] Die Ägypter sind inzwischen frei, aber der Konflikt nahm seinen Lauf.

[159] Serif 2023, o.S.

[160] Elbagir 2022, o.S.

[161] Seibert 2023, o.S.

4.4 Die wirtschaftliche Lage

4.4.1 Sudan

Der Verlust der südlichen Ölfelder seit der Abspaltung des afrikanisch geprägten Südsudan im Jahr 2011 führte bei beiden Staaten zur andauernden Wirtschaftskrise. Nicht zuletzt weil ein konfliktbeladenes Land keine Investoren anzieht. Zudem hatte die systemische „Krankheit“ von Öl-Staaten auch den Sudan befallen: Vernachlässigung der Binnenwirtschaft, besonders der Landwirtschaft. Es wäre für den Sudan kein Problem, sich und die Anrainerstaaten zu versorgen. Der Nil bietet genügend Ressourcen, es fehlt aber an notwendiger Infrastruktur für Bewässerung, an Straßen, klima-resilienten Getreidesorten, Düngemitteln und Silos. Stattdessen werden 80 Prozent des Weizens importiert. Davon liefern Russland und die Ukraine als Hauptlieferanten rund zwei Drittel. Der Weltmarktpreis explodierte im Jahr 2022 auf das Doppelte. Die latent regierungsunterstützende Stadtbevölkerung ist traditionell der Hauptweizenabnehmer, während auf dem Land Hirse angebaut und konsumiert wird. Infolge der Dürren wanderten immer mehr Landbewohner in die Armenviertel der Städte ab in der Erwartung, das subventionierte Weizenbrot erhalten zu können. Die Kürzungen der Subventionen und der Mangel an bezahlbarem Weizen waren maßgeblich für die Absetzung eher des in Städten unterstützten al-Bashir. Die Städte standen nicht mehr an seiner Seite.[162] Die ökonomischen Versäumnisse zollten ihren Tribut und ließen Erinnerungen an den Zusammenbruch der Sowjetunion wach werden.

Wie auch in Russland profitiert im Sudan die Machtelite vom Export werthaltiger Ressourcen. Die Bevölkerung musste hingegen eine Verdreifachung von Brotpreisen hinnehmen, weil Subsistenzwirtschaft und auch marktlicher Anbau – wohl auch wegen der Dürren – nicht mehr ausreichten. Eine Protestbewegung war die Folge. Abbildung 16 verdeutlicht den ökonomischen Absturz im Sudan. Inzwischen ist das auch von Dürren geplagte Äthiopien am Sudan vorbeigezogen, auch weil es stark von China unterstützt wurde. Der Südsudan wurde durch den Ölpreisverfall im Jahr 2015 besonders getroffen und entwickelt sich nun synchron zu Äthiopien.

[162] Böhm/Alshaikh 2022, o.S.

Abbildung 16: BIP pro Kopf selektiver Sahel-Staaten von 1980 bis 2022

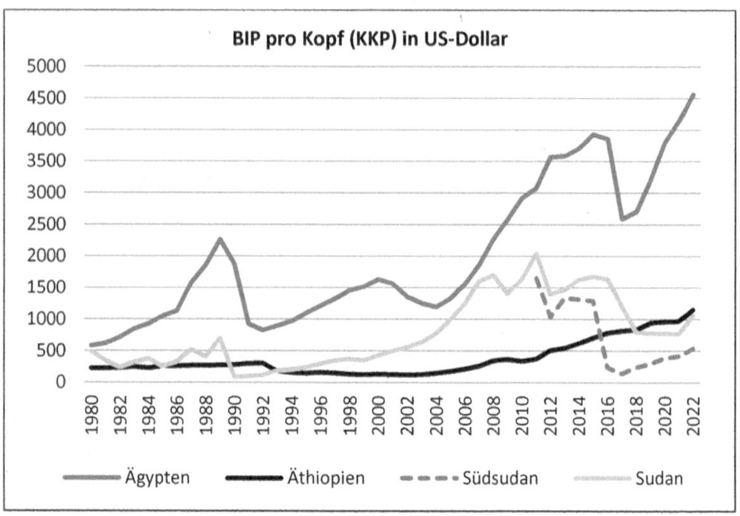

Daten: IMF. ©te

Aussagen zur Arbeitslosigkeit sind statistisch nicht relevant, da besonders außerhalb von Ägypten Subsistenzwirtschaft, d.h. informelle Arbeit bei hohem Anteil der Landwirtschaft vorliegt. In Ägypten sinkt die Arbeitslosenquote seit 2015 kontinuierlich, was sich auch im BIP pro Kopf ab 2017 manifestiert. Interessant ist die ähnliche Entwicklung von Sudan und Ägypten in den Jahren von 2004 bis 2008 vor der Abspaltung des Süd-Sudans. Der zur Abspaltung führende Sezessionskrieg hinterließ danach deutliche Spuren wirtschaftlicher Rückschläge: Aus Armut wurde noch mehr Armut. Die Inflation liegt im dreistelligen Bereich.

Wie bitter die Lebenssituation im Sudan und Südsudan ist, zeigt auch die folgende Abbildung 17, die andere Kennzahlen als das BIP pro Kopf berücksichtigt. Der Südsudan belegte im Human Development Index[163] den global letzten Rang. Aber auch Sudan und Äthiopien

[163] Der Human Development Index (HDI) ist ein zusammengefasster Wert der menschlichen Entwicklung in drei Dimensionen im geometrischen Mittel: Gesundheit/Lebenserwartung, Bildung und Lebensstandard.

rangieren wie viele andere Sahel-Staaten weit hinten, was unter anderem den enormen Migrationsdruck nach Europa begründet. Die Indizes sind signifikant desaströs. Es ist die Kombination von extremer Armut und Rechtlosigkeit unter einer herrschenden Elite vornehmlich aus Militärs, die über die entsprechenden Waffen und Unternehmen zum Abbau von Ressourcen wie Gold verfügen. Das sind die Fluchtursachen. Über 25 Prozent des Exports von sudanesischem Gold und Diamanten gehen nach offiziellen Zahlen in die Vereinigten Arabische Emirate, Saudi-Arabien und Ägypten.[164] Der Schmuggel über Russland lässt sich nicht quantifizieren, dürfte aber laut Insidern mindestens ebenso hoch sein.[165] Es bestehen auch Schätzungen, dass 90 Prozent der Goldproduktion im Sudan von Schmuggel betroffen sind. Russland betreibt dieses Geschäft schon seit dem Jahr 2014, als die ersten Sanktionen wegen der Krim-Annektion wirkten. Gold lässt sich nicht „einfrieren“ und es lässt sich auch nur schwer beschlagnahmen, solange der Transport unter dem Radar erfolgt. Schon aus diesem Grund ist das Engagement Russlands in Afrika relevant. Es hilft, die Staatskasse zu füllen. Der Preis für die RSF-Unterstützung sind Moskaus

Abbildung 17: Indizes nordafrikanischer Staaten zu Demokratie und Lebensbedingungen

Indizes und Kennzahlen	Fragile State Index 2022 (Ranking n=179)	Human-Rights 2021 (10 = totale Diktatur)	HDI (n=191) (1,0 = Perfekte Bedingungen)	Anteil Landwirtschaft/ BIP	Population in Mio.
Sudan	107,1 (7)	9,1	0,508 (172)	21 %	45,6
South-Sudan	108,4 (3)	no data	0,385 (191)	20,9 %	10,8
Egypt	86,3 (42)	9,5	0,731 (97)	11,83 %	109,3
Ethiopia	99,3 (13)	8,7	0,498 (175)	37,5 %	120,3
Germany	23,6 (167)	0,8	0,942 (9)	1,2 %	83,2

Daten: https://fragilestatesindex.org/global-data/; WKO; theglobaleconomy.com. ©te

164 WKO 2022, o.S.
165 Lemmenmeier 2022, o.S.

Waffen und Militärausbildung.[166] Diese Waffen, darunter Boden-Luft-Raketen, werden aktuell gegen die SAF eingesetzt. Die wiederum ist ebenso „russisch“ bestückt: Die Luftwaffe verfügt über zig Kampf- und Transporthubschrauber und Kampfjets.[167] Für das sudanesische Volk fällt nichts ab.

4.4.2 Südsudan

Der Südsudan bestreitet ca. 80 Prozent der Rohöl- und Mineralienexporte des gesamten Sudans. Die Ressourcen sind ungleich auf die Sudan-Staaten verteilt, die Ausfuhrzahlen werden seit 7 Jahren nicht zuverlässig veröffentlicht. Zahlen zum GINI-Index enden im Jahr 2016 und sind zudem Fantasiewerte. Subsistenz- und Schattenwirtschaft (auch Schmuggel) erschweren das Erstellen einer aussagefähigen Statistik. Sudan und Südsudan gehörten im Jahr 2022 zu den TOP7 der fragilsten Staaten. Spitzenreiter war zu diesem Zeitpunkt der Jemen. Saudi-Arabien pflegt zu diesen Staaten besondere Beziehungen.

4.5 Die Haltung der Golf-Staaten

De-facto-Staatschef al-Burhan pflegt enge Beziehungen zu den Vereinigten Arabischen Emiraten, Saudi-Arabien und Ägypten. Es sind allesamt Staaten, die beide Armeen ermutigten, den Langzeit-Herrscher al-Bashir zu stürzen. Die Proteste im Land wurden als Gefahr angesehen, auch im Hinblick auf ein Übergreifen auf die Golf-Staaten. Al-Bashir stand für die Misere des Sudans und es war eine naheliegende Lösung, den Befehlshaber abzusetzen, um einen kompletten Umsturz zu verhindern. Das Militär sollte im Spiel bleiben.

Die Golf-Staaten leisteten dem Sudan beträchtliche Wirtschaftshilfe, als die sudanesischen RSF-Truppen Daglos in der von Saudi-Arabien geführten Koalition eingesetzt wurden, um gegen die mit dem Iran verbündeten Huthi-Rebellen im Jemen zu kämpfen. Saudi-Arabien und der Iran befeuer(t)en einen inneren Konflikt im Jemen, in dem

[166] Elbagir 2022, o.S.
[167] Defensemirror 2023, o.S.

sich die schiitischen Huthi-Rebellen gegen die jemenitische Regierung stellen, weil sie der Meinung sind, ihre Gemeinschaft würde diskriminiert. Der schiitische Iran unterstützte die Rebellen finanziell-militärisch und die Golf-Staaten unterstützten die sunnitische Regierung Jemens unter Abed Rabbo Mansur Hadi: ein Stellvertreterkrieg um die Vorherrschaft in Nahen Osten.

Die RSF-Truppen können in diesem Kontext durchaus als Söldner bezeichnet werden, denn die Finanzhilfen für den Sudan werden mit deren Einsatz im Jemen und auch in Libyen gerechtfertigt. Im Jahr 2015 flossen 1 Milliarde US-Dollar zur sudanesischen Zentralbank. Die RSF half mit zigtausend Kämpfern aus.[168] Inzwischen haben sich der Iran und Saudi-Arabien wieder diplomatisch angenähert, was zumindest den Konflikt im Jemen etwas entschärft hat. Das ist auf die Initiative Chinas zurückzuführen, das eine multipolare Weltordnung anstrebt, in der anti-amerikanische Kräfte gebündelt werden sollen. Beim Iran liegt eine Beteiligung auf der Hand. Saudi-Arabien verhält sich eher opportunistisch, ist aber von den USA als Schutzmacht enttäuscht.[169] Die Saudis sind der zweitgrößte Öllieferant Chinas und damit ökonomisch mit China inzwischen enger verbunden als mit den USA.

4.6 Der RSF-General Daglo ist reich und mächtig

Daglo hatte sich schon unter dem mit seiner Hilfe gestürzten al-Bashir „verdient“ gemacht. Letzterem hat er unter anderem seinen Aufstieg zu verdanken. Daglo stammt aus dem Kreis arabischer Nomaden, die sich im Konflikt mit afrikastämmigen Ackerbauern befinden. Das Epizentrum des Konflikts befindet sich im bodenstoffreichen Darfur, das an Tschad und Zentralafrikanische Republik grenzt. Die Auseinandersetzungen in Darfur waren verantwortlich für mehrere Hunderttausend Tote und einige Millionen Vertriebene. Die meisten Opfer waren schwarzafrikanische Rebellen, die von den arabischen Herrschern der Hauptstadt Khartum unterdrückt wurden. Daglo hatte als Anführer der Reiter-Nomaden (Dschandschawid) einen großen Anteil an der Nieder-

[168] Sons 2022, S. 3.
[169] Bolliger/Koelbl/Schröder 2023, o.S.

schlagung der Proteste und war maßgeblicher Mitgründer der RSF. Im Zuge der Protestniederschlagungen beschlagnahmte Daglo diverse Goldminen, die sein Vermögen vervielfachten und das Interesse Russlands bzw. der Wagner-Gruppe weckten. Daglos RSF sollte regierungsseitig auch für die Beendigung des Menschenhandels an den Grenzen Sudans – z.B. zu Libyen – eingesetzt werden. Inwieweit die RSF das tatsächlich umsetzte, lässt sich schwer ermitteln. Es kam, wie Amnesty International berichtete, zu Plünderungen, Folterungen, Vergewaltigungen und dem Niederbrennen von Dörfern durch die RSF in großem Stil.[170] Auch chemische Waffen wurden eingesetzt. Die RSF-Kämpfer wurden mit staatlichen Ausweisen autorisiert und richteten ein staatlich abgesegnetes Blutbad an, dass unter dem Namen Darfur-Massaker geführt wird. Die EU finanzierte die Aktivitäten zur Steuerung der Migrationen aus dem Nahen Osten und war somit indirekt und wohl ohne es zu realisieren an der Finanzierung der RSF beteiligt.[171]

4.7 Das gescheiterte Abkommen

Das Abkommen nach dem zweiten Putsch, der gegen den zivilen Part der Regierung aus Militär und Zivilgesellschaft gerichtet war, sollte zumindest auf dem Papier die Öffnung für demokratische Wahlen und eine Zivilregierung garantieren. Aber in Wahrheit scheinen die Kontrahenten keinesfalls die Macht abgeben zu wollen. Angeblich beklagte Daglo den hohen Prozentsatz an Islamisten in der SAF und wollte deshalb die Integration der RSF in die reguläre Armee aufschieben. Näherliegend ist die Erklärung, dass beide Generäle auf Vorherrschaft bestehen und kein Interesse an einer Demokratisierung haben. Der Rückzug in die Kasernen könnte die Privilegien resp. den Rohstoffhandel einschränken bzw. beenden.

Die Sahel-Region, die Golf- und Nachbarstaaten sind mehr oder weniger autoritär geführt. Militär-Diktaturen sind die Regel, islamische und nicht-islamische Demokratiebewegungen werden regelmäßig niedergeschlagen. Auch SAF und RSF haben in ihren Taten nie etwas

[170] Amnesty International 2016, S. 3.
[171] Keller 2017, o.S.

anderes verfolgt. Die zivilen Ansätze nach 2019 bis 2021 wurden beendet und es wurde erneut auf Demonstranten geschossen. Das gesamte Umfeld besteht aus entrechteten Völkern, wenig volkswirtschaftlicher Entwicklung, guten Rohstoffvorkommen, angeschlagenen Landwirtschaften und hochgerüsteten Staatsapparaten. Die Regierungen nutzen die Einnahmen aus den Ressourcen zur Ausrüstung von Armeen und, noch wichtiger, zur Rekrutierung von Milizen in den Regionen mit Protestpotenzial. So wurde Daglo „herangezüchtet". Die Ironie des Schicksals ist der ungebremste Machthunger des RSF-Generals. Das Muster der Unterdrückung ist überall in der Region ähnlich. Und Russland passt perfekt in diese Konstellation.

Abbildung 18: Demokratie-Bewertung afrikanischer Staaten 2022 (Bertelsmann-Index)

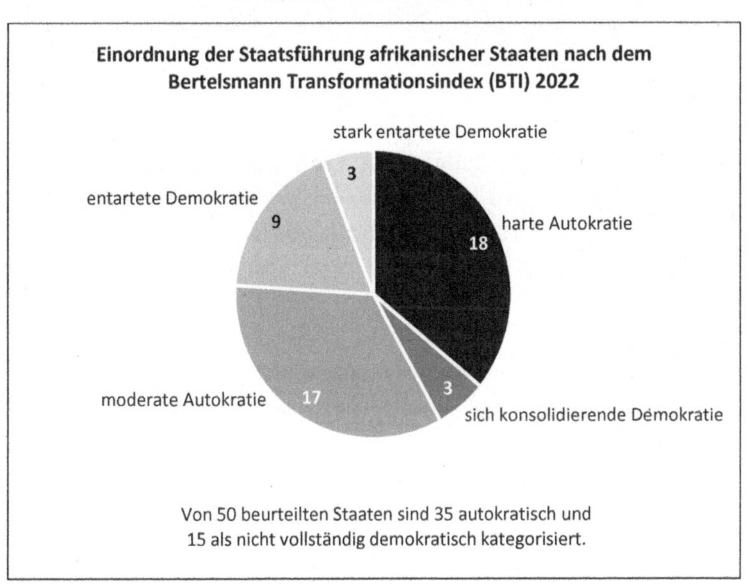

Der afrikanische Kontinent ist Opfer kolonial-imperialistischer Rohstoff- und Menschenhändler-Nationen. Frankreich und das Vereinigte Königreich und im Nachgang auch die USA – mit den „angeschlossenen“ Organisationen IWF und Weltbank – haben viel dafür getan, dass die parlamentarische Demokratie in Afrika keine Hochkonjunktur erfährt.

Die Briten zogen sich 1956 aus dem anglo-ägyptischen Sudan zurück. Es war der Anfang einer Serie britischer Dekolonialisierung. Auch Frankreich war in Afrika stark engagiert. Der Westen hatte mit der Kolonialisierung Afrikas einen bleibenden Eindruck rücksichtsloser Profitinteressen hinterlassen. Die Kolonialisten haben den Kontinent in einem Zustand latenter Instabilität verlassen und wenig Hilfe angeboten. Das war das Einfallstor für Russland, das mit Waffenlieferungen die Cliquen der Eliten gewinnen konnte, die einst im Widerstand für nationale Unabhängigkeit bereits russische Waffen eingesetzt hatten. Ähnliches gilt für China, das bereits in den 1970er Jahren stark an der Infrastruktur Afrikas beteiligt war. Die Affinität zu Putschen resultiert aus einem starken Militär bzw. Milizen bei politisch wenig verankerten Regierungen. Die „neuen“ Eliten sind oft Teil militärischer Organisationen. Demokratisch gewählte Regierungen sind dieser permanenten Bedrohung ausgesetzt. In der ehemaligen französischen Kolonie Niger vollzog sich der Putsch im Jahr 2023 nach diesem bekannten Muster und nicht wenige Bürger des Staates sehen im Westen, der den Staat Niger gern als positives Vorbild hinstellte, ein Ausbeutungssystem zu ihrem Nachteil. So monieren die Einwohner, dass die Franzosen Uran aus dem Niger abgebaut hätten, das Land selbst aber arm blieb.[172] Mit Russland und China standen und stehen Partner zu Verfügung, die unmittelbaren Nutzen – ohne Missionierung hinsichtlich moralischer Werte – für die Eliten hervorbringen. Das gilt besonders für Waffen und Infrastrukturen zum Abbau und Transport von Rohstoffen.

4.8 China hat keine Freude am Sudan

China hat viel für die Infrastruktur in Afrika getan und Russland hat den Kontinent mit Waffen ausgerüstet. Im Gegenzug gab es Schürfrechte und Militärbasen. China ist nicht nur im Sudan größter Han-

[172] Ehrich/Rauschenberger 2023, o.S.

delspartner (Daten von 2018) gewesen,[173] sondern in ganz Afrika. In den Jahren 2015 bis 2018 investierte China über 60 Milliarden US-Dollar in den Kontinent, freilich nicht aus altruistischen Motiven. Es hat China zur aktuellen Handelsmacht Nr. 1 in Afrika gemacht. Aus dem Sudan hat sich China zurückgezogen, da die Ölressourcen im Südsudan konzentriert sind und auch aufgrund finanzieller Probleme nicht mehr viel gefördert wurde. Der Sudan war sechstgrößter Öllieferant Chinas und ist aktuell fast bedeutungslos. Die kommunalen Auseinandersetzungen bzw. Niederschlagungen der Protestbewegungen in Darfur, Süd-Kordofan und Blue Nile haben den Sudan ruiniert. Chinas Investitionen für Energie- und Verkehrsprojekte im Sudan/Südsudan von 6 Milliarden US-Dollar von 2003 bis 2010 schrumpfte nach dem Sezessionskrieg in 2011 auf mickrige 143 Millionen US-Dollar.[174] Das Engagement hat sich im Sudan nicht ausgezahlt und China hat die Grenzen der Einflussnahme erkennen müssen. Für den Gesamtkontinent gilt diese Feststellung nicht und Chinas Einfluss ist nach wie vor groß. Äthiopien hat Chinas Rolle als verlängerte Werkbank der Industrienationen übernommen. Dort werden im Niedrigstlohnsektor Schuhe und Textilien für den europäischen Markt hergestellt. Die Fabriken wurden von China erstellt.[175] Das bringt das Land ähnlich voran wie Vietnam und Bangladesch und wie vorher China vor der Hyperglobalisierung der Jahrtausendwende. Das BIP pro Kopf in China aus dem Jahr 2000 entspricht dem Wert Äthiopiens von 2021. China ist für Afrika auch Vorbild für die ökonomische Entwicklung.

Ohne Huawei sind Kommunikationsinfrastrukturen in Afrika undenkbar. Von Verkabelung über Endgeräte bis hin zu Streaming-Angeboten ist China mit Huawei dominant. Konkurrenz entsteht auch eher regional durch Staaten wie die VAE und die Türkei, die mittlerweile erkannt haben, dass Afrika der letzte wachsende Kontinent ist. Das gilt auch für den Verbrauchermarkt.[176]

[173] Worldbank 2023, o.S.
[174] Patey/Olander 2021, o.S.
[175] Breitegger 2019, o.S.
[176] Van Staden 2020, o.S.

4.9 UNO

Die UNO hatte das Thema Sudan/Südsudan seit 1996 bis zum März 2022 185-mal auf der Agenda. Es ist nicht so, dass das ohne Folgen blieb. Es wurde sanktioniert und dann wieder aufgehoben, die „Mission der Vereinten Nationen zur Absicherung des Friedens im Sudan" (UNMISS) zum Schutz der Zivilbevölkerung wurde eingerichtet. Das Mandat wurde ständig verlängert – zuletzt im November 2022 mit der UNISFA, der Interims-Sicherheitstruppe der Vereinten Nationen für die entmilitarisierte Zone Abyei zwischen Sudan und Südsudan.[177] Ohne die UNO wäre der Sezessionsprozess zwischen Sudan und Südsudan entweder nicht erfolgreich abgeschlossen worden oder es hätte zumindest deutlich mehr Opfer gegeben. Abyei wäre nur ein kleiner Teil des Konflikts zwischen arabisch-muslimischen Nomaden des Sudans und Ackerbauern des Südsudans.

Die UNITAMS[178] wurde von der UN in Khartum im Jahr 2020 installiert, um den demokratischen Prozess im Sudan zu unterstützen und Waffenstillstände zu überwachen. Davor hatten UN und die Afrikanische Union (AU) mit der „African Union/United Nations Hybrid Operation in Darfur" (UNAMID) ein gemeinsames Projekt aufgelegt, um die Region zu stabilisieren und humanitäre Hilfe zu leisten. Der Aufwand der UN war gewaltig. Das Ergebnis ist dagegen seit der Sezession des Südsudans sehr unbefriedigend.

Die UN ist immer dann schwach, wenn der Sicherheitsrat uneins ist. Im Fall Sudan mischt die Wagner-Truppe seit dem Jahr 2017 in dem Konflikt mit. Russlands verdeckter und verlängerter Arm rüstet die para-militärische RSF aus, um das für Russland wichtige Gold zu sichern. Russlands Außenminister Lawrow hatte im Sicherheitsrat bekräftigt, dass Russland das Recht hätte, die Wagner-Gruppe einzusetzen. Wiederum wird auch die reguläre Armee SAF von Russland beliefert, insgesamt stammen 87 Prozent der Waffen aus Russland.[179] Aus beiden Armee-Kanälen fließt Geld bzw. Gold. Dabei sind es nicht Söldner wie etwa in Libyen oder der Ukraine, die für Gruppen im Sudan die Waffen in die Hände nehmen. Es sind Waffenlieferungen

[177] UN 2023, o.S.

[178] UNITAMS = United Nations Integrated Transition Assistance Mission in Sudan.

[179] Euronews 2023, o.S.

auf der einen und Firmen, die sich auf die Ressourcen fokussieren, auf der anderen Seite. Darüber hinaus wird die nationale Kommunikation über Cyber-Infiltrationen der Wagner-Gruppe beeinflusst.[180]

4.10 Wie geht es weiter?

Die UNO ist nicht in der Lage, die Situation zu befrieden. Das gilt auch für die EU. Die aktuellen Waffenstillstands- und Friedensgespräche werden durch die USA, das Vereinigte Königreich, die Golf- und einige afrikanische Staaten initiiert. China ist nicht involviert und Russland ist aufgrund der ambivalenten Beziehung nicht in der Lage, Position zu beziehen.

Unterm Strich haben die letztgenannten Akteure genauso wenig Interesse an der gesellschaftlichen Entwicklung Afrikas wie die alten Kolonialisten Westeuropas und die USA. Die Kolonialisten haben heute nur andere Namen; China betreibt die Infiltration subtiler und auf den ersten Blick sympathisch. In atemberaubendem Tempo werden Staudämme, Flughäfen, Bahnlinien, Industrieparks errichtet. Dafür gewährt China den Staaten Darlehen und schafft enorme Abhängigkeiten. Viele der Schuldner mussten Peking inzwischen bitten, die Tilgungszeit zu verlängern bzw. auszusetzen. Die Konditionen waren von vornherein nur gut für China.[181] Russland geht mit den Wagner-Truppen grobschlächtig an die Einflussnahme heran. Unfreiheit ist die gemeinsame politische Formel, denn auch China schaut nicht gern zu, wenn der „Return on Investment" ausbleibt. In Dschibuti am Horn von Afrika besteht bereits eine chinesische Marinebasis. China ist nach Russland der zweitgrößte Waffenlieferant und bildet afrikanische Militäreinheiten in China aus. Über eine Millionen Chinesen sind in Afrika im Infrastrukturbereich inkl. Militär aktiv.[182]

Die Lebensverhältnisse in der Sahel-Region haben sich dadurch nicht verbessert, denn es wurden kaum neue menschenwürdige Arbeitsplätze geschaffen. Die Erderwärmung mit den Dürren und der Sahara-Ausdehnung haben das Armutsniveau der Subsahara noch

[180] Cafiero/Pavia 2023, o.S.
[181] Grill/Sauga/Zand 2019, o.S.
[182] Reuters 2023, o.S.

weiter verschärft. Nur eines muss in diesem Zusammenhang herausgestellt werden: Die Migration der AfrikanerInnen geht gen Westeuropa und nicht nach Russland oder in den Nahen Osten Asiens.

Im Fall China sind nun allerdings auch billige Arbeitskräfte für industrielle Fertigungen gefragt. Das könnte ein Game-Changer sein. China hat es selbst vorgeführt. Der Westen sollte Chinas Strategie für Afrika übernehmen und bessere Konditionen anbieten, denn es ist ein Wettbewerb der Systeme und der Westen hat noch einiges gutzumachen. Das Problem liegt im „bad governance" der afrikanischen Autokratien begründet. Die Führungseliten müssten Angebote bekommen, die sie nicht ausschlagen können. Es könnten „Prämien" sein, die sich an den Indizes aus der Tabelle oben orientieren. Das klingt ein wenig nach „Nation-Building", aber es muss im ersten Schritt nicht die vollkommene parlamentarische Demokratie sein. Es ist auch kein Abschütteln feudaler Fesseln. Erst einmal geht es um eine konsequente Entwicklung aus der Armut heraus. „Afghanistan" darf nicht wiederholt werden. Dass in der zentralafrikanischen Republik inzwischen „russisch" als erste Fremdsprache unterrichtet wird, sollte zu denken geben.[183]

[183] Schlindwein 2022, o.S.

5. Fazit

Die Konflikte in Palästina und Sudan sind verschieden und doch in ihrer Entstehung und Fortsetzung ähnlich. In beiden Fällen hatten westeuropäische Kolonialisten die Regionen besetzt. Palästina verließen die Briten kurz vor Gründung des Staates Israel und der Sudan wurde 1953 faktisch unabhängig vom Vereinigten Königreich. Die Hinterlassenschaft war und ist verallgemeinernd Instabilität, die sich bis heute mit etlichen Putschen bzw. kriegerischen Auseinandersetzungen hinzieht. Die internationalen Organisationen, die sich dem Frieden verschrieben haben, sind aufgrund der geopolitischen Blockbildungen nahezu ohnmächtig. Die auf demokratischen Werten und der UN-Charta basierende Europäische Union ist im globalen Kontext auf dem Weg in die Bedeutungslosigkeit. Zu sehr behindert der innere Streit zwischen Frankreich, Deutschland, den anderen westeuropäischen Staaten und den Staaten Osteuropas wie Polen, Slowakei und Ungarn ein gemeinsames Vorgehen. Der EU-Austritt des Vereinigten Königreichs (Brexit) hatte noch nicht einmal außenpolitische Gründe, sondern kam aus der Ablehnung bestimmter EU-Regularien, die mit dem neoliberalen Konzept des britischen Finanzplatzes nicht kompatibel sind. Ein Entscheidungsprozess zugunsten einer einflussreichen gesamteuropäischen Außenpolitik bleibt daher überwiegend blockiert. Der EU-Vorläufer Europäische Gemeinschaft hatte bereits 1980 auf Basis der UN-Resolutionen 242 und 338 das Selbstbestimmungsrecht der Palästinenser und die Zwei-Staaten-Lösung in der Erklärung von Venedig anerkannt. Selbst der UN-Sicherheitsrat bekannte sich in der Resolution 1397 zur Zwei-Staaten-Lösung. Die israelische Siedlungspolitik wurde 2016 vom UN-Sicherheitsrat (Resolution 2334) verurteilt, nachdem US-Präsident Barak Obama mit Stimmenenthaltung auf das Vetorecht verzichtete. Bei dieser Einigkeit hätte eigentlich mehr für den Frieden getan werden können, aber es waren nur Lippenbekenntnisse, die bei Israels Regenten kein Gehör fanden. Warum wurde von den USA kein entsprechender Druck auf Israel ausgeübt? Weil sie es nicht wollten, denn die USA waren auf ein loyales Israel angewiesen. Ein treues Israel ist ein wichtiger Baustein in der Region sowohl als Antipode zum Iran, aber auch als Widerpart zu einem von Russland und Iran gestützten Syrien. Der Verlust des (Schah-)Iran hat die Machtposition der USA im Nahen Osten resp. die Kontrolle über die Ölvorkommen heftig beschnitten. Damit verblieb nur noch Israel als treuer Partner. Saudi-Arabien wollte diesen Part nicht spielen, wie sich an der Beteiligung am Öl-Boykott 1973 zeigte. Saudi-Arabien ist trotz aller Schutzabkommen und anderer Unterstützungen ein muslimisches arabisches Land und Mitglied der Arabischen Liga. Aus heutiger Sicht ist die neue Mitgliedschaft des Staates in der BRICS-Plus-Gruppe der Nachweis für den Rückbau der Beziehungen zu den USA.

Die USA stoßen außerdem aufgrund der eigenen Verstrickung im Globalen Süden auf nachvollziehbare Ablehnung. Dennoch ist der Autor überzeugt, dass ohne die USA keine Befriedung der hier erörterten Regionen möglich ist. Die ökonomische und militärische Substanz und energetische Stärke prägen das Profil der USA als Supermacht. Dazu zählt auch der US-Dollar als Weltleitwährung und die Dominanz in den Bretton-Woods-Organisationen[184] International Monetary Funds und Worldbank. Die USA könnten aus dieser Position der Stärke diplomatische Lösungen gemeinsam mit China suchen. Offenkundig ist durch das Erstarken Chinas und die Bildung der EU die überragende Hegemonie der USA im globalen Maßstab verloren gegangen. Die Hegemonie im Westen ist nur graduell abgeschwächt. Sollten die beiden global stärksten Mächte zueinanderfinden, wäre auch der Pariastaat Russland in die Enge getrieben. Dazu müsste China überzeugt werden, dass die aggressiven Attacken im südchinesischen Meer die globale Ordnung bedrohen und letztlich den für China wichtigen Handel mit dem Westen ebenso gefährden. Chinas Aufruf im Januar 2024 an die Huthi-Rebellen, die Handelsschifffahrt nicht weiter zu attackieren, ist ein Zeichen für die Befriedung. Es sind aber nicht die ausführenden Huthis der eigentliche Adressat, sondern der Iran. China wird als führende Nation des BRICS-Plus-Blocks eine ebenso wichtige Rolle einnehmen müssen wie die USA bei der Wiedergutmachung im Globalen Süden. Die Entwicklung im Iran wird auch die

[184] Im US-Ferienort Bretton Woods wurden diese Organisationen 1944 noch vor Ende des Zweiten Weltkriegs gegründet.

Fortschreibung des Palästina-Problems bestimmen. Könnten dem Iran die Mittel für die regionale Militarisierung entzogen werden, würde das auch die Hamas, mögliche Nachfolger, die Huthi-Rebellen, die Hisbollah und die Milizen in Syrien treffen. China und Indien als BRICS-Schwergewichte sollten in der Lage sein, den Iran von der Sinnlosigkeit eines Nahost-Flächenbrandes zu überzeugen.

Auch in den USA muss ein Umdenken einsetzen, das sich grundlegend nicht nur vom Trumpismus der Republikaner unterscheiden muss, sondern die außenpolitische Historie seit dem Zweiten Weltkrieg neu bewertet und ausrichtet. Die Machterhaltung und -ausdehnung durch Geheimdienstoperationen, Korruption und Waffenlieferungen ist von den USA perfektioniert worden. Deshalb hat sich im Globalen Süden eine Anti-West-Skepsis halten und ausbauen können. China fällt es auch aus diesem Grund leicht, die Ablehnung des Westens für eine Ausweitung bilateraler Beziehungen zu nutzen. Schon heute ist China der Hauptlieferant auf allen Kontinenten. Verfolgen die USA den aktuellen Kurs weiter, wird sich daran nichts ändern. Selbst im Bereich der Kapitalversorgung hilft China den „schwächeren Staaten“ mit Swap-Lines unter den Notenbanken.

Die Lieferung von Waffen an Gruppen eines Staates, die sich zum Teil bekämpfen, fördert die Interessen von Industrie und teilhabenden Finanzorganisationen. Die Korruption von Eliten inkl. Militär zum Nutzen der korrumpierenden Staaten ist Teil des Status quo. Bei Verweigerung weiterer Waffen – und das gilt auch für den Israel-Palästina-Konflikt – würde eine wichtige Voraussetzung für Eskalationen entfallen. Die De-Militarisierung von Iran und Russland als treibenden Konfliktverursachern wird nur über die Abnahmeverweigerung von Öl und Gas möglich sein. Nur müssten die Premiumkunden China und Indien auch davon überzeugt werden. Die Lage im Jahr 2024 ist von dieser Perspektive weit entfernt. Die Konflikte waren seit dem Zweiten Weltkrieg bis zur Jahrtausendwende rückläufig. Mit Putins Regentschaft und Xi Jinpings globalem Führungsanspruch wurde die einst unbestrittene US-Vorherrschaft elementar beschnitten. Die militärischen Auseinandersetzungen zwischen und innerhalb der Staaten nahmen wieder zu. Das vernichtet Menschenleben, verursacht Migration und bedeutet Wohlstandsverlust auch für starke Volkswirtschaften. In der Erkenntnis dieser Regression liegt die einzige Chance auf Besserung.

Abbildung 19: Anzahl von Konflikten mit staatlicher Beteiligung von 1946-2022

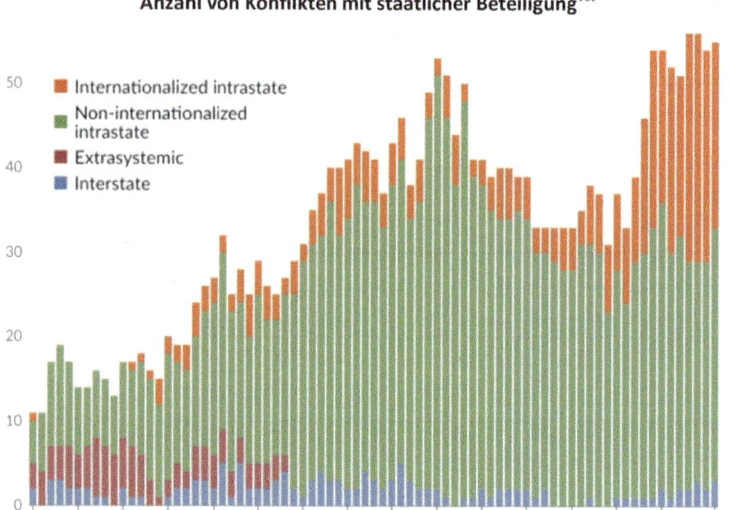

Quelle: Uppsala Conflict Data Program and Peace Research Institute Oslo (2023)[186]

Palästinenser und Sudans Bürger befinden sich in Kriegen unter Führung politisch-militärischer Eliten. Diese Brigaden wären ohne externe finanzielle Unterstützung und/oder Waffenlieferungen nicht in der Lage, Kriege mit Massenvernichtungspotenzial zu führen. In den sich gegenüberstehenden Lagern befinden sich nicht selten Waffensysteme derselben Lieferanten bzw. Staaten, auch über Umwege. Die russische Wagner-Gruppe lieferte Waffen an die nicht-staatlichen Milizen. Russlands Regierung belieferte Ägypten mit Kampfjets, die wiederum später im Sudan bei den Regierungstruppen eingesetzt wurden. Die vielen Bürgerkriege mit internationaler Beteiligung (internationalized intrastate conflicts) sind Ausdruck diverser Block-Interessen, regionaler Machtansprüche und einer gespaltenen bzw. gelähmten UN. Im

[185] Mit „extrasystemic" sind Konflikte mit kolonialen Hintergründen gemeint. Die letzten datierten im Jahr 1974.
[186] Our World in Data 2023, o.S.

Sicherheitsrat der UN verhindern Vetos der verantwortlichen Mächte, die entgegengesetzte Block-Interessen verfolgen, ein einheitliches Handeln. Die geringsten Vetos wurden nach dem Zerfall der Sowjetunion bis zum Machtantritt Putins registriert. Abbildung 20 zeigt, dass um die Jahrtausendwende der enorme Aufstieg Chinas auch in politischer und militärischer Hinsicht begann. Frankreich und das Vereinigte Königreich sind seitdem ohne Einfluss, was auch die geringe Bedeutung Europas wiedergibt.

Abbildung 20: Vetos der ständigen Mitglieder des UN-Sicherheitsrates von 1946 bis 2022

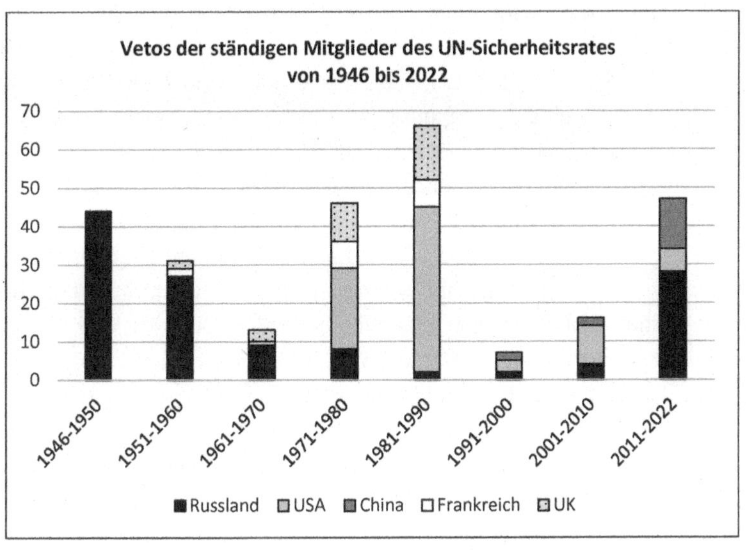

Daten: Statista 2024b. ©te

Die Konflikte in Palästina und im Sudan sind typische Auseinandersetzungen unter Beteiligung diverser globaler und regionaler Player, die durch Waffengeschäfte oder die Kontrolle von Ressourcen wie Gold und Diamanten im Sudan profitieren. Die Gefahr eines Überschwappens auf Nachbarstaaten und potenzieller Genozide hält die UN in Atem. Die UN ist aber aufgrund der asymmetrischen Konstruktion nicht in Lage, die Konflikte zu befrieden. Das bleibt den Hegemonen der großen politischen Blöcke überlassen. Das Vetorecht und/oder das gesamte System des Sicherheitsrats sollte überdacht werden.[187] Trotzdem bietet die UN ein gutes Forum für die internationale Öffentlichkeit, Druck auf Protagonisten auszuüben, wenn auch nur indirekt. Der Iran wird sich nicht durch die UN und internationale Proteste beeindrucken lassen, aber die wichtigsten Handelspartner der Mullahs könnten Einfluss nehmen.

Die regelbasierte Weltordnung ist um die Jahrtausendwende endgültig aus den Fugen geraten. Die Spaltung der Welt in Westen und Globalen Süden lässt sich mit einem vom Westen vorgetragenen Wertesystem, das von den USA und westeuropäischen Ex-Kolonialisten selbst diskreditiert wird, nicht auflösen. Dazu zählen auch die anderen Organisationen unter Führung westlicher Industrienationen: International Monetary Funds (IMF), Worldbank und World Trade Organisation (WTO). Auch diese Organisationen hatten vorrangig die Geschäfte der westlichen Konzerne begleitet und die Verschuldungen der Entwicklungs- und Schwellenländer begünstigt. Der IMF griff stets ein, wenn Staaten des Globalen Südens Kredite der Investmentunternehmen nicht bedienen konnten. Der IMF verlieh weitere Kredite, damit diese Schulden zurückgezahlt werden konnten. Zur Armut addierte sich so die zunehmende Verschuldung gegenüber dem Ausland. Diese Struktur provozierte geradezu die Bildung einer globalen Opposition, die mit Bildung der BRICS-Gruppe im Jahr 2021 eine Organisation mit eigener Entwicklungsbank realisierte. Der USA und den angeschlossenen Staaten wurden die Grenzen aufzuzeigen. China ist als der große Profiteur dieser Entwicklung auszumachen. Mit etlichen Verträgen im Globalen Süden ist China nicht nur Hauptlieferant, sondern kontrolliert die meisten Vorkommen an strategischen Rohstoffen. Palästina spielt in diesem Handelsnetzwerk keine Rolle und auch der Sudan kann Chinas Interesse nicht mehr wecken. Diese Regionen sind das postkoloniale Überbleibsel einer anderen Ära. Das betrifft den Sudan noch mehr als Palästina, das eminenten Symbolwert besitzt, denn Israel verkörpert das westliche Wertesystem, das sich wiederholt infrage stellt. In Palästina vollzieht sich der Bruch des Westens mit der muslimischen Welt zwar nicht zum ersten Mal, aber auf jeden Fall

[187] ElBaradei 2014, o.S.

in einer Weise, die bei allen Menschen mit humanitärem Anspruch eine Mischung aus Wut und Resignation hinterlässt.

Literaturquellen

Abutaleb, Yasmeen (2023): „Großer Fehler" – Biden warnt Israel vor Besetzung des Gazastreifens. https://www.fr.de/politik/israel-krieg-biden-warnt-jerusalem-vor-besetzung-des-gazastreifens-zr-92579949.html. 29.11.2023

ADF (2023): Protesters Demand That Sudan Armed Forces Stop Gold Mining, Clean Up Polluted Sites. https://adf-magazine.com/2023/03/protesters-demand-that-sudan-armed-forces-stop-gold-mining-clean-up-polluted-sites/. 27.04.2023

AFP (2023): Biden warnt Israel davor, Fehler der USA nach 9/11 zu wiederholen. https://www.spiegel.de/ausland/joe-biden-warnt-israel-vor-wiederholung-von-fehlern-der-usa-nach-9-11-a-551b46a8-a51f-48b6-9502-1cc77f15c089. 29.11.2023

Agence France Press (2022): Selenskyj kritisiert Israels Haltung gegenüber Russland. https://www.rheinpfalz.de/lokal/pfalz-ticker_artikel,-selenskyj-kritisiert-israels-haltung-gegen%C3%BCber-russland-_arid,5371580.html. 20.12.2023

Amiri, Natalie (2023): Die Hamas ist nicht allein. https://www.sueddeutsche.de/kultur/nahost-konflikt-hamas-islamische-republik-iran-einfluss-israel-natalie-amiri-1.6289167. 12.12.2023

Amnesty International (2016): Human Rights Impacts and Risks Associated With the Khartoum Process. https://www.amnesty.org/fr/wp-content/uploads/2021/05/AFR5453372016ENGLISH.pdf. 28.04.2023

Asseburg, Muriel/Busse, Jan (2024): Der Nahostkonflikt. 9. Auflage. Verlag C.H. Beck

Barlingay, Eshalaxmi (2023): From friends to foes: Why are Israel and Iran arch enemies? https://america.cgtn.com/2023/03/03/from-friends-to-foes-why-are-israel-and-iran-arch-enemies. 27.11.2023

Behrendt, Moritz (2023): Stabil verschuldet. https://internationalepolitik.de/de/stabil-verschuldet. 12.01.2024

Berlin, Alexandra (2023): „Wir sind auf uns allein gestellt". https://www.spiegel.de/ausland/angriffe-radikaler-siedler-im-westjordanland-wir-sind-auf-uns-allein-gestellt-a-6976ce14-cf2a-438d-9e9b-631e69b6948d. 20.11.2023

Bertsch, Matthias (2015): Vor zehn Jahren räumte Israel Siedlungen im Gazastreifen. https://www.deutschlandfunk.de/nahost-vor-zehn-jahren-raeumte-israel-siedlungen-im-100.html. 23.11.2023

Bickel, Markus (2023): Ägypten: Wie Machthaber al-Sisi mit Putin kuschelt und gleichzeitig Geld aus den USA bekommt. https://www.fr.de/politik/aegypten-sisis-spagat-moskau-washington-militaerhilfen-tbl-zr-92745249.html. 12.01.2024

Bilanceri, Serena (2023): Für das Land der Vorfahren. https://taz.de/Antiisraelische-Proteste-in-Jordanien/!5967458/. 24.11.2023

BMZ (2023): JORDANIEN -Wichtiger Partner in höchst fragiler Nachbarschaft. https://www.bmz.de/de/laender/jordanien. 12.01.2024

Böhm, Andrea/Alshaikh, Ismail (2022): Brot, Gold und Tränengas. https://www.zeit.de/2022/29/sudan-weizen-unruhen-demokratiebewegung. 29.04.2023

Bolliger, Monika/Koelbl, Susanne/Schröder, Thore (2023): Saudi-Arabien und Iran nähern sich an – und ein Dritter verliert. https://www.spiegel.de/ausland/saudi-arabien-und-iran-naehern-sich-an-israel-muss-sich-sorgen-machen-a-32a393f1-fa94-452f-8584-731c42c11b64. 29.04.2023

Braun, Rainer (2022): Die strategische Bedeutung von Militärbasen. https://www.friedenskooperative.de/friedensforum/artikel/die-strategische-bedeutung-von-militaerbasen#. 26.11.2023

Breitegger, Benjamin (2019): Chinas Rolle in Äthiopien. https://www.deutsch landfunk.de/afrikanische-wirtschaft-chinas-rolle-in-aethiopien-100.html. 01.05.2023

Brocca, Veronica (2022): Palästina, der Ursprung des Konflikts. Geschichte eines umstrittenen Landes. https://www.proterrasancta.org/de/palaestina-der-ursprung-des-konflikts-geschichte-eines-umstrittenen-landes-erster-teil/. 10.12.2023

Burri, Erika (2023): Die Palästinenser, das „Opfervolk". https://www.nzz.ch/international/palaestinenser-das-opfervolk-ein-historischer-rueckblick-ld.1763786?reduced=true. 16.02.2024

Cafiero, Giorgio/Pavia, Alissa (2023): Russia's Wagner Group in Africa: Growing concerns of the West. https://www.dailysabah.com/opinion/op-ed/russias-wagner-group-in-africa-growing-concerns-of-the-west. 01.05.2023

Cheong, Serene (2023): Why the US Can't Stop Iran's Lucrative Oil Trade With China. https://www.bloomberg.com/news/articles/2023-11-09/why-the-us-can-t-stop-iran-s-lucrative-oil-trade-with-china. 12.12.2023

Chomsky, Noam (2021): Kein Frieden in Nahost. 3. Auflage. Frankfurt a.M.: Nomen-Verlag

Choufatinski, Dimitri (2024): Israel und Palästina. https://whathappened.io/israel-und-palastina-teil-eins/. 16.02.2024

Cleven, Thoralf (2023): Warum die einst mächtige PLO kaum noch Einfluss im Nahostkonflikt hat. https://www.rnd.de/politik/nahostkonflikt-warum-die-einst-maechtige-plo-kaum-noch-einfluss-hat-KYAMMIK3MBBKRJTRCKW4VJHYZ4.html. 27.12.2023

Counter Terrorism (2022): Hamas. https://www.dni.gov/nctc/ftos/hamas_fto.html. 12.01.2024

Defensemirror (2023): How Russian Jets Are Turning the Tide of War in Sudan. https://www.defensemirror.com/news/34033#.ZE0BH3ZBzre. 29.04.2023

Deters, Jannik (2022): Am umstrittensten Staudamm Afrikas beginnt die Stromproduktion. https://www.wiwo.de/technologie/wirtschaft-von-oben/wirtschaft-von-oben-126-grand-ethiopian-renaissance-dam-am-umstrittensten-staudamm-afrikas-beginnt-die-stromproduktion/27686628.html. 27.04.2023

Deutschlandfunk (2007): Die Ideen der Siedler als Irrweg der jüdischen Geschichte. https://www.deutschlandfunk.de/die-ideen-der-siedler-als-irrweg-der-juedischen-geschichte-100.html. 18.02.2024

Deutschlandfunk (2016): Heftige Reaktionen nach Kerrys Rede. https://www.deutschlandfunkkultur.de/appell-fuer-zweistaatenloesung-heftige-reaktionen-nach-100.html. 19.02.2024

Deutschlandfunk (2021): Was hinter dem Umsturz im Sudan steckt. https://www.deutschlandfunk.de /militaerputsch-was-hinter-dem-umsturz-im-sudan-steckt-100.html. 29.04.2023

Deutschlandfunk (2023): Wie die Siedlerbewegung ins Zentrum von Israels Politik rückte. https://www.deutschlandfunk.de/israel-westjordanland-siedlungspolitik-100.html. 12.01.2024

Dieterich, Johannes (2022): Konflikte in der Sahelzone: Der perfekte Sturm. https://www.fr.de/politik /konflikte-in-der-sahelzone-der-perfekte-sturm-afrika-reportage-91930127.html. 28.04.2023

Dippel, Carsten (2017): Vom Traum einer jüdischen Nation. https://www.deutschlandfunk.de/100-jahre-balfour-declaration-vom-traum-einer-juedischen-100.html. 12.12.2023

Dpa (2023): Strack-Zimmermann: „Guterres ist für sein Amt ungeeignet". https://www.zeit.de/news/2023-11/22/strack-zimmermann-guterres-ist-fuer-sein-amt-ungeeignet. 23.11.2023

Dpa (2024): Gaza: Zivile Opfer „in noch nicht gesehenem Maßstab". https://www.sueddeutsche.de/politik/konflikte-gaza-zivile-opfer-in-noch-nicht-gesehenem-massstab-dpa.urn-newsml-dpa-com-20090101-240109-99-544598. 13.01.2024

Dunning, Tristan (2017): New Hamas Charta: Too little, too late? https://www.newarab.com/opinion/new-hamas-charter-too-little-too-late. 11.12.2023

Economist (2016): Sykes-Picot 100 years on. https://www.economist.com/graphic-detail/2016/05/16/sykes-picot-100-years-on. 18.12.2023

Economist (2017): Despots are pushing the Arab world to become more secular. https://www.economist.com/middle-east-and-africa/2017/11/02/despots-are-pushing-the-arab-world-to-become-more-secular. 10.01.2024

Economist (2022): The president of Egypt does a U-turn on economic policy. https://www.economist.com/middle-east-and-africa/2022/02/05/the-president-of-egypt-does-a-u-turn-on-economic-policy. 12.01.2024

Ehl, David (2023): Wagner-Gruppe in Afrika – viel mehr als nur Söldner. https://www.dw.com/de/wagner-gruppe-in-afrika-viel-mehr-als-nur-s%C3%B6ldner/a-64810830. 01.05.2023

Ehrich, Issio / Rauschenberger, Pia (2023): Der lange Schatten der Kolonialzeit im Niger. https://www.zeit.de/politik/2023-11/putsch-niger-folgen-mohamed-bazoum-europa-nachrichtenpodcast. 19.02.2024

Ehrke, Michael (2002): Zur politischen Ökonomie des Palästina-Konflikts. Friedrich-Ebert-Stiftung, Internationale Politik-Analyse. http://library.fes.de/pdf-files/id/01236.pdf. 19.02.2024

Elbagir, Nima (2022): Russia is plundering gold in Sudan to boost Putin's war effort in Ukraine. https://edition.cnn.com/2022/07/29/africa/sudan-russia-gold-investigation-cmd-intl/index.html. 28.04.2023

ElBaradei, Mohammed (2024): Weltordnung in Trümmern. https://www.ipg-journal.de/regionen/naher-osten/artikel/weltordnung-in-truemmern-7267/. 28.01.2024

Enerdata (2023): Rohölproduktion. https://energiestatistik.enerdata.net/rohoel/welt-produktion-statistik.html. 15.12.2023

Ertl, Thomas (2023): Russia's Expansion and Energy War Against the West. Metropolis Verlag. Marburg 2023

Euronews (2023): Russlands Wagner-Söldner mischen im Sudan mit: Welches Ziel verfolgt Putin? https://de.euronews.com/2023/04/27/russlands-wagner-soldner-sudan-ziel-putin. 01.05.2023

FAZ (2022): Russland und Iran nutzen neue Handelsrouten. https://www.faz.net/aktuell/wirtschaft/wie-russland-und-iran-sanktionen-umgehen-wollen-18552430.html. 12.12.2023

Flottau, Heiko (2016): Simos Perez. Er gilt als Friedensengel. https://www.journal21.ch/artikel/er-gilt-als-friedensengel. 20.12.2023

Föderl-Schmid, Alexandra / Käppner, Joachim / Schweikle, Sina-Maria (2023): „Die Furcht tief in meinem Herzen". https://www.sueddeutsche.de/leben/israel-krieg-gaza-libanon-aegypten-geschichte-1.6286446. 13.12.2023

Frank, Stefan (2020): Wollte Theodor Herzl Palästinenser aus Argentinien vertreiben? https://www.mena-watch.com/wollte-theodor-herzl-palaestinenser-aus-argentinien-vertreiben/. 18.02.2024

Fürtig, Henner (2016): Zwischen Kolonialismus und Nationenbildung. https://www.bpb.de/shop/zeitschriften/izpb/naher-osten-331/238907/zwischen-kolonialismus-und-nationenbildung/. 20.11.2023

GJU (2024): Jordanien. https://www.german-jordanian.org/de/jordanien.html. 17.02.2024

Goldberg, Michelle (2024): Dem Extremismus die Stirn bieten. https://www.ipg-journal.de/regionen/naher-osten/artikel/dem-extremismus-die-stirn-bieten-7272/. 28.01.2024

Gorzewski, Andreas (2014): Ariel Scharon – Hardliner und Realist. https://www.dw.com/de/ariel-scharon-hardliner-und-realist/a-17355918. 21.01.2024

Grill, Bartholomäus / Sauga, Michael / Zand, Bernhard (2019): Die Billionen-Bombe. https://www.spiegel.de/wirtschaft/chinas-billionen-bombe-wie-peking-sich-die-welt-untertan-macht-a-00000000-0002-0001-0000-000164644666. 29.04.2023

Hahn, Dorothea (2019): Gegen US-Militärhilfe im Jemen. https://taz.de/Abstimmung-im-US-Senat/!5580585/. 27.12.2023

Hammer, Benjamin (2020): Welche Spuren nach Israel führen. https://www.tagesschau.de/ausland/israel-iran-attentat-wissenschaftler-101.html. 27.11.2020

Hammer, Benjamin (2022): 20 Jahre nach dem Höhepunkt der zweiten Intifada. https://www.deutschlandfunk.de/zwanzig-jahre-intifada-israel-palaestina-100.html. 10.01.2024

Harrer, Gudrun (2023): Der Sudan kollabiert, die Welt schaut zu. https://www.derstandard.at/story/2000146007415/der-sudan-kollabiert-die-welt-schaut-weg. 12.01.2024

Henrich, Jan (2023): Sonderstatus und „Recht auf Rückkehr". https://www.zdf.de/nachrichten/politik/ausland/palaestinenser-schutz-rueckkehrrecht-100.html. 12.01.2024

Hinsberger, Nils (2023): Der Aufschrei bleibt aus: Erdogan fordert Untersuchung von israelischen Atomwaffen – was steckt dahinter? https://www.fr.de/politik/gaza-atomwaffen-israel-erdogan-untersuchungen-krieg-zr-92689594.html. 27.11.2023

IMF (2001): Was Suez in 1956 the First Financial Crisis of the Twenty-First Century? https://www.imf.org/external/pubs/ft/fandd/2001/09/boughton.htm. 04.06.2022

IMF (2023): GDP per capita, current prices. https://www.imf.org/external/datamapper/NGDPDPC@WEO/OEMDC/ADVEC/WEOWORLD/WBG. 28.12.2023

Inskeep, Steve / Racz, Andreas (2023): Examining the Wagner Group, a private military company that Russia has relied on. https://www.npr.org/2023/02/06/1154739417/examining-the-wagner-group-a-private-military-company-that-russia-has-relied-on. 01.05.2023

IRC (2023): Kämpfe im Sudan: Was Sie über die Krise wissen müssen. https://www.rescue.org/de/artikel/k%C3%A4mpfe-im-sudan. 30.04.2023

Israelnetz (2016): „Sykes-Picot" – Der Nahe Osten wird geteilt. https://www.israelnetz.com/sykes-picot-der-nahe-osten-wird-geteilt/. 12.12.2023

Israelnetz (2017): Israel am stärksten militarisiert. https://www.israelnetz.com/israel-am-staerksten-militarisiert/. 12.01.2024

Israelnetz (2022): Palästinenser kritisieren in Sozialen Medien Hamas-Regime im Gazastreifen. https://www.israelnetz.com/palaestinenser-kritisieren-in-sozialen-medien-hamas-regime-im-gazastreifen/. 18.02.2024

Johannsen, Margret (2004): Zwischen Widerstand und Opposition. Gewaltordnungen in Palästina. In: Sicherheit und Frieden (S+F) / Security and Peace, 22(4), Themenschwerpunkt: Transatlantische Beziehungen, S. 195-206. https://www.nomos-elibrary.de/10.5771/0175-274x-2004-4-195.pdf. 30.12.2023

Keller, Ska (2017): Schriftliche Anfrage: Sudanesische Miliz RSF als Begünstigte von EU-Mitteln. https://www. skakeller.de/artikel/schriftliche-anfrage-sudanesische-miliz-rsf-als-beguenstigte-von-eu-mitteln. 28.04.2023

Klüver, Reymer (2017): Welche Konsequenzen das Einreiseverbot hat. https://www.sueddeutsche.de/politik/reisebeschraenkungen-welche-konsequenzen-das-einreiseverbot-hat-1.3355971. 29.12.2023

Knaul, Susanne (2013): Nie wieder überrascht werden. https://www.tagblatt.ch/international/nie-wieder-ueberrascht-werden-ld.930415. 22.12.2023

Knipp, Kersten (2023): Teheran stärkt Bündnis mit Syrien. https://www.dw.com/de/teheran-st%C3%A4rkt-b%C3%BCndnis-mit-syrien/a-64542751. 11.12.2023

Koelbl, Susanne /Perthes, Volker (2023): „Keiner kann den Krieg gewinnen, ohne das Land zu zerstören". https://www.spiegel.de/ausland/sudan-uno-sonderbeauftragter-volker-perthes-warnt-vor-moeglichem-zerfall-a-cc7acfa6-6230-4804-8718-31b103eba07e. 01.05.2023

Kogelfranz, Siegfried (1982): Geschlagen, vertrieben, verraten. https://www.spiegel.de/politik/geschlagen-vertrieben-verraten-a-c73b43a5-0002-0001-0000-000014348857. 11.12.2023

Kooperation International (2023): Länderbericht Jordanien. https://www.kooperation-international.de/laender/asien/jordanien/laenderbericht. 12.01.2024

Kramper, Gernot (2024): Raketenfestung Iran – darum kann die Supermacht USA die Mullahs nicht ohne Risiko bestrafen. https://www.stern.de/digital/technik/raketenfestung-iran---darum-kann-die-supermacht-usa-die-mullahs-nicht-ohne-risiko-bestrafen-34382044.html. 21.01.2024

Kreutz, Michael (2019): Die Muslimbruderschaft. https://www.bpb.de/themen/islamismus/dossier-islamismus/286322/die-muslimbruderschaft/. 12.12.2023

Küntzel, Matthias (2020): Islamischer Antisemitismus. https://www.bpb.de/themen/antisemitismus/dossier-antisemitismus/307771/islamischer-antisemitismus/. 18.02.2024

Lebrecht, Hans (1982): Die Palästinenser. Frankfurt a.M.: Verlag Marxistische Blätter,

Leder, Tal (2023): Wie aus Freunde Feinde wurden. https://www.n-tv.de/politik/Wie-aus-Freunden-Feinde-wurden-article20467442.html. 24.11.2023

Lehnen, Eva (2019): Das erste Ölfeld in Persien. https://www.pm-wissen.com/geschichte/a/das-erste-oelfeld-in-persien/7287/. 26.11.2023

Lekic, Slobodan (2014): „Sykes-Picot Agreement: Line in the Sand Still Shapes Middle East," Stars and Stripes, June 19, 2014. https://www.stripes.com/news/sykes-picot-agreement-line-in-the-sand-still-shapes-middle-east-1.289723. 12.12.2023

Lemmenmeier Anna (2022): Sudan – einer von Russlands letzten Freunden. https://www.srf.ch/news /international/gold-waffen-und-militaerbasen-sudan-einer-von-russlands-letzten-freunden. 28.04.2023

Löw, Lisa Mariella (2023): Rote Linie im Israel-Krieg überschritten: Jordanien sieht Vertreibung als „Kriegserklärung". https://www.fr.de/politik/aktuell-israel-krieg-jordanien-sieht-vertreibung-als-kriegserklaerung-hamas-gaza-hilfsgueter-zr-92659605.html. 24.11.2023

Lpb (2023): Die Geschichte Palästinas. https://www.lpb-bw.de/geschichte-palaestinas. 20.11.2023

Lpb/Weber, Bernhard (2023): Russland und China. https://www.lpb-bw.de/china-russland. 12.12.2023

Magnet, Franz (2021): Arabischer Frühling in Ägypten: Eine gescheiterte Revolution. https://vorwaerts.de/international/arabischer-fruhling-agypten-eine-gescheiterte-revolution. 10.01.2024

Mao Tse-Tung (1968): Ausgewählte Werke, Bd II. Peking: Verlag für fremdsprachliche Literatur

McMahon, A. H. (1916): Pre-State Israel: The Hussein-McMahon Correspondence. https://www.jewishvirtuallibrary.org/the-hussein-mcmahon-correspondence-july-1915-august-1916?utm_content=cmp-true. 12.12.2023

Meischen, Dennis: Samidoun (2023): Wer hinter der palästinensichen Vereinigung steckt. https://www.morgenpost.de/berlin/article239754867/samidoun-pro-palaestinensische-vereinigung-berlin-krieg-israel-angriff-hamas.html. 20.12.2023

Metzger, Nils (2023): Reiche Terroristen: So kommt Hamas an Geld. https://www.zdf.de/ nachrichten/politik/ausland/hamas-finanzen-geld-gazastreifen-israel-100.html. 27.12.2023

Morris, Benny (1948): A History of the First Arab-Israeli War. Yale University Press 2009

Neumann, Julia (2023): Sehnsucht nach einem Zuhause. https://taz.de/Palaestinenserinnen-im-Libanon/!5965510/#. 12.01.2024

Neumann, Peter R. (2015): Islamismus. Seine Ursprünge, seine Entwicklung. https://www.kas.de/de/web/extremismus/islamismus/islamismus-seine-urspruenge-seine-entwicklung. 12.12.2023

NRW (2024): Muslimbruderschaft. https://www.im.nrw/muslimbruderschaft#. 12.01.2024

Ntv (2006): Arafat und Saddam. https://www.n-tv.de/politik/dossier/Arafat-und-Saddam-article206146.html. 22.12.2023

Ntv (2024): Huthi: Chinesische und russische Schiffen dürfen Rotes Meer passieren. https://www.n-tv.de/ticker/Huthi-Chinesische-und-russische-Schiffen-duerfen-Rotes-Meer-passieren-article24674386.html. 19.01.2024

Our World in Data (2023): Number of state-based conflicts, World. https://ourworldindata.org/grapher/number-of-state-based-conflicts. 25.01.2024

Paeger, Jürgen (2019): Eine kleine Geschichte des Erdöls. https://www.oekosystem-erde.de/html/geschichte_erdoel.html. 26.11.2023

Patey, Luke /Olander, Eric (2021): What's at stake for China in Sudan. https://www.diis.dk/en/research/whats-stake-china-in-sudan. 29.04.2023

Pentz, Jannik (2023): Warum Erdogan die Hamas lobt. https://www.tagesschau.de/ausland/asien/erdogan-israel-hamas-100.html. 13.11.2023

picture-alliance/dpa (2023): Arabische Liga. https://www.picture-alliance.com/search/images(popup:image/279201034)?searchTerm=arabische%20liga&page=1&is-filter-open=true#list-item-279201034. 12.12.2023

Pipes, Daniel (2011): Israel wurde erworben, nicht gestohlen. https://www.hagalil.com/2011/06/landkauf/. 12.12.2023

Pötzel, Norbert F. (2010): Treibstoff der Feindschaft. https://www.spiegel.de/geschichte/treibstoff-der-feindschaft-a-c7809ca5-0002-0001-0000-000069790582. 27.11.2023

Ratka, Edmund (2023): Jordanien und die Gewalteskalation in Nahost. https://www.kas.de/de/interview/detail/-/content/jordanien-und-die-gewalteskalation-in-nahost. 14.01.2024

Reuters (2022): Sudan's Hamdok quits as premier after failing to restore civilian government. https://www.reuters.com/world/africa/internet-services-appear-be-disrupted-sudans-capital-reuters-witnesses-2022-01-02/. 30.04.2023

Reuters (2023): China weitet militärische Präsenz in Afrika offenbar massiv aus. https://www.spiegel.de/ausland/china-weitet-militaerische-praesenz-in-afrika-offenbar-massiv-aus-a-e9f10753-c9b3-4529-8751-261687596c82. 29.04.2023

Ricketts, Peter (2023): Israel should remember the failures of its 1982 Lebanon campaign. https://www.ft.com/content/1850ec83-3402-42f2-a6a6-ed73b7a1030e. 21.01.2024

Roll, Stephan (2022): Kredite für den Präsidenten. https://www.swp-berlin.org/publications/products/studien/2022S10_Auslandsverschuldung_%C3%84gypten.pdf. 10.01.2024

Roy, Sara (2019): Existiert noch eine Wirtschaft? https://www.freitag.de/autoren/sara-roy/existiert-noch-eine-wirtschaft. 12.12.2023

Salloum, Ranlah (2014): Ägyptens Machthaber jagen gnadenlos ihre Kritiker. https://www.spiegel.de/politik/ausland/aegypten-ueber-500-muslim brueder-zum-tode-verurteilt-a-960363.html. 20.12.2023

Schaf, Stefan (1987): Israels Rolle im Waffen-Deal zwischen USA und Iran. https://taz.de/Israels-Rolle-im-WaffenDeal-zwischen-USA-und-Iran/!1872345/. 27.11.2023

Schindler, Hans-Jakob (2023): Hamas hat „starke Unterstützer". https://www.zdf.de/nachrichten/politik/ausland/hamas-terrorismus-finanzierung-geld-gazastreifen-israel-100.html. 14.02.2024

Schlindwein, Simone (2022): Neurussland in den Tropen. https://taz.de/Moskaus-enger-Partner-in-Afrika/!5841283/. 01.05.2023

Schmidinger, Thomas (2022): Eine zweite Welle der Demokratiebewegung. https://www.derstandard.de/story/2000108913653/eine-zweite-welle-der-demokratiebewegung. 15.04.2023

Schweizer Eidgenossenschaft (2023): Der Bundesrat beschliesst ein Verbot der Hamas per Bundesgesetz. https://www.admin.ch/gov/de/start/dokumentation/medienmitteilungen.msg-id-98855.html#. 18.02.2024

Segador, Julio (2018): Vom Ende großer Hoffnungen. https://www.deutschlandfunk.de/25-jahre-oslo-abkommen-vom-ende-grosser-hoffnungen-100.html. 27.11.2023

Seibert, Thomas (2023): Wie ausländische Akteure den Machtkampf im Sudan anheizen. https://www.augsburger-allgemeine.de/politik/sudan-wie-auslaendische-akteure-den-machtkampf-im-sudan-anheizen-id66272906.html. 28.04.2023

Serif, Moritz (2023): Kreml-Chef Putin hat wohl auch im Sudan seine Finger im Spiel. https://www.fr.de/politik/putin-sudan-kaempfe-russland-ukrainem-krieg-news-92215929.html. 29.04.2023

Shaoul, Jean (2023): Ägypten steht vor dem Bankrott: Internationaler Währungsfonds fordert Kürzungen. https://www.wsws.org/de/articles/2023/04/28/xrkz-a28.html. 13.01.2024

Shenon, Philipp (2000): Major Overture Toward Iran Expected in Speech by Albright. https://www.nytimes.com/ 2000/03/17/world/major-overture-toward-iran-expected-in-speech-by-albright.html. 27.11.2023

Siddiqi, Hana (2021): Muslime in den USA – Zwischen Integration und Terror-Verdacht. https://www.swr.de/swr2/wissen/muslime-in-den-usa-zwischen-integration-und-terror-verdacht-swr2-wissen-2021-09-08-100.html. 30.12.2023

Sons, Sebastian (2022): Zwischen Machtprojektion und regionalen Rivalitäten. Das Engagement Saudi-Arabiens am Horn von Afrika. https://www.swp-berlin.org/assets/afrika/publications/kurzanalysen/MTA-KA02_2022_Sons_Zwischen_Machtprojektion_und_regionaler_Rivalitaet.pdf. 28.04.2023

Spiegel (1992): In den Sand getreten. https://www.spiegel.de/politik/in-den-sand-getreten-a-276f08f6-0002-0001-0000-000013688768. 22.12.2023

Starzmann, Paul (2023): Brutaler Machtkampf im Sudan. https://www.tagesspiegel.de/internationales/ brutaler-machtkampf-im-sudan-wie-zwei-generale-ein-ganzes-land-in-brand-stecken-9692396.html. 29.04.2023

Statista (2024a): Anteil der Militärausgaben am jeweiligen Bruttoinlandsprodukt (BIP) der 20 Länder mit den höchsten Militärausgaben im Jahr 2022. https://de.statista.com/statistik/daten/studie/150664/umfrage/anteil-der-militaerausgaben-am-bip-ausgewaehlter-laender/. 05.02.2024

Statista (2024b): Anzahl der Vetos der ständigen Mitglieder des Sicherheitsrates der Vereinten Nationen im Zeitraum von 1946 bis 2023. https://de.statista.com/statistik/daten/studie/322711/umfrage/vetos-der-staendigen-mitglieder-des-sicherheitsrates-der-vereinten-nationen/. 28.01.2024

Steinberg, Guido (2021): Die „Achse" des Widerstands. https://www.swp-berlin.org/publikation/die-achse-des-widerstands. 14.01.2024

Steinberg, Guido (2022): Nahöstliche Instabilitäten. https://internationalepolitik.de/de/nahoestliche-instabilitaeten. 10.12.2023

Steinberg, Guido (2023): Die Muslimbruderschaft und die Hamas. https://www.swp-berlin.org/publikation/die-muslimbruderschaft-und-die-hamas. 20.12.2023

Sterkl, Maria (2023): Die Gaza-Blockade wird durchlässiger. https://www.derstandard.de/story/3000000174848/israel-palaestinenser-aktueller-text-von-sterk-. 14.02.2024

Tagesschau (2023a): Israel will Siedlungen weiter ausbauen. https://www.tagesschau.de/ausland/asien/israel-siedlungsbau-westjordanland-100.html. 27.11.2023

Tagesschau (2023b): Wir stark sind Israels Streitkräfte? https://www.tagesschau.de/ausland/israel-streitkraefte-100.html. 12.01.2024

Taz (2023): Weiter Kämpfe trotz Feuerpause. https://taz.de/Krieg-im-Sudan/!5931291/. 29.04.2023

Timm, Angelika (2008): Die Gründung des Staates Israel. https://www.bpb.de/themen/naher-mittlerer-osten/israel/44995/die-gruendung-des-staates-israel/. 20.12.2023

UN (2023): Sudan. https://www.un.org/depts/german/de/sr-sudan.html. 01.05.2023

Van Staden, Cobus (2020): Warum China für Afrika ein unverzichtbarer Partner ist. https://www.welthungerhilfe.de/welternaehrung/rubriken/entwicklungspolitik-agenda-2030/warum-china-fuer-afrika-ein-unverzichtbarer-partner-ist. 03.05.2023

Visser, Yochanan (2022): Wie Israel endlich sein Wasserproblem lösen wird. https://www.israelheute.com/erfahren/wie-israel-endlich-sein-wasserproblem-loesen-wird/. 12.01.2024

WDR (2009): 07. Februar 2009 – Vor 10 Jahren: Tod von Hussein I. von Jordanien. https://www1.wdr.de/stichtag/stichtag4420.html. 22.12.204

Wellbar, Omer Mair (2023): „Netanjahu hat versagt, uns zu schützen". Hamburger Abendblatt vom 18. November 2023

Witschel, Konstantin (2023): Präzedenzlose Lage. https://www.ipg-journal.de/regionen/naher-osten/artikel/praezedenzlose-lage-7207/. 28.12.2023

WKO (2022): Länderprofil Sudan. https://wko.at/statistik/laenderprofile/lp-sudan.pdf. 28.04.2023

WKO (2023): Länderprofil Jordanien. https://www.wko.at/statistik/laenderprofile/lp-jordanien.pdf. 12.01.2024

Wolffsohn, Michael (2008): Die Briten im heiligen Land. https://www.bpb.de/themen/naher-mittlerer-osten/israel/44971/die-briten-im-heiligen-land/. 10.12.2023

Worldbank (2023): Sudan Trade. https://wits.worldbank.org/CountrySnapshot/en/SUD. 29.04.2023

Yale Law School (2008): The Palestinian National Charter: Resolutions of the Palestine National Council July 1-17, 1968. https://avalon.law.yale.edu/20th_century/plocov.asp. 27.12.2023

ZDF (2023): UN: „Größter Fortschritt" seit Kriegsbeginn. https://www.zdf.de/nachrichten/politik/jemen-buergerkrieg-verhandlungen-huthi-rebellen-100.html. 20.12.2023

Thomas Ertl

Multikrise der Globalisierung

Kriege, Weltwährungssystem, Ressourcen, BRICS

472 S., ISBN 978-3-7316-1564-4

- Printausgabe 38,00 €
- eBook 31,16 € (www.metropolis-verlag.de)

Die Weltlage wird aktuell als Multikrise interpretiert: Klimawandel mit periodischen Dürren und Überschwemmungen, eine mehrjährige destabilisierende Virus-Pandemie, schrumpfende Beschäftigtenzahlen in den Industrieländern, energetische Engpässe, wohlstandsreduzierende Inflationen und Kriege um Ressourcen und Einfluss-Zonen. Politische Populisten müssen nichts anderes tun, als die Regierenden für diese Melange verantwortlich zu machen. Ein wachsender Zuspruch belegt die Annahme, dass die Multikrise kombiniert mit dem technologischen Wandel (Digitalisierung) und der Globalisierung eine toxische Basis für die Spaltung von Gesellschaften bildet. Eine Spaltung vollzieht sich auch geopolitisch, wie mit der Bildung der BRICS-Gruppe deutlich wird.

Das Buch beschreibt Ursachen, Konstellationen und Perspektiven dieser geopolitischen Entwicklung mit Fokus auf der US-amerikanisch-chinesischen Rivalität.